PRÁTICAS DE FORMAÇÃO, MEMÓRIA E PESQUISA (AUTO)BIOGRÁFICA

Série *Artes de viver, conhecer e formar*

Conselho Científico da Série

Ana Alcídia de Araújo Moraes (UFAM)
Ana Chrystina Venancio Mignot (UERJ)
António Nóvoa (Universidade de Lisboa)
Christine Delory-Momberger (Université de Paris 13 - França)
Cynthia Pereira de Sousa (FEUSP)
Daniel Suarez (Universidade de Buenos Aires - Argentina)
Denice Barbara Catani (FEUSP)
Dislane Zerbinatti Moraes (FEUSP)
Elizeu Clementino de Souza (UNEB)
Filomena Arruda Monteiro (UFMT - Cuiabá)
Gaston Pineau (Université de Tours - França)
Helena Chamlian (FEUSP)
Henning Salling Olesen (Roskilde University - Dinamarca)
Jorge Luiz da Cunha (UFSM)
Jorge Ramos do Ó (Universidade de Lisboa – Portugal)
José González Monteagudo (Universidad de Sevilla - Espanha)
Maria da Conceição Passeggi (UFRN)
Maria Helena Menna Barreto Abrahão (PUC-RS)
Marie-Christine Josso (Université de Genève - Suiça)
Paula Perin Vicentini (FEUSP)
Pierre Dominicé (Université de Genève - Suiça)
Raquel Lazzari Leite Barbosa (UNESP - Assis)
Rita de Cassia Gallego (FEUSP)
Rosario Genta Lugli (UNIFESP)
Vera Lucia Gaspar da Silva (UDESC)
Vivian Batista da Silva (FEUSP)

APOIOS

Vera Lucia Gaspar da Silva
Jorge Luiz da Cunha
(Organizadores)

Série *Artes de viver, conhecer e formar*

PRÁTICAS DE FORMAÇÃO, MEMÓRIA E PESQUISA (AUTO) BIOGRÁFICA

Copyright © 2010 dos organizadores

Cultura Acadêmica Editora
Praça da Sé, 108
01001-900 – São Paulo/SP
Tel.: (0xx11) 3242-7171
Fax: (0xx11) 3242-7172
www.culturaacademica.com.br

Serviço de Biblioteca e Documentação
Faculdade de Educação da Universidade de São Paulo

P912 Práticas de formação, memória e pesquisa (auto)biográfica /
Vera Lucia Gaspar da Silva, Jorge Luiz da Cunha (orgs.) São
Paulo : Cultura Acadêmica, 2010.
216 p. (Série Artes de Viver, conhecer e formar)

ISBN: 978-85-7983-057-0
Vários autores.

1. Educação 2. Autobiografias 3. Memória 4. Formação
5. Formação de professores 6. Autoformação I. Silva, Vera
Lucia Gaspar da, org. II. Cunha, Jorge Luiz da, org.

CDD 22ed.: 370

Editora afiliada:

Asociación de Editoriales Universitarias
de América Latina y el Caribe

Associação Brasileira de
Editoras Universitárias

Sumário

PREFÁCIO 7
Denice Barbara Catani

PRÁTICAS DE FORMAÇÃO, MEMÓRIA E PESQUISA
(AUTO)BIOGRÁFICA - APRESENTAÇÃO 11
*Vera Lucia Gaspar da Silva
e Jorge Luiz da Cunha*

PRÁTICAS DE FORMAÇÃO E PESQUISA (AUTO)BIOGRÁFICA 17

Pedagogia Imaginal: uma narrativa formativa autobiográfica
entre lugares da saúde e da educação
Margaréte May Berkenbrock Rosito 19

Saúde, Cuidado e Formação: por entre desafios e possibilidades
Sylvia Helena Souza da Silva Batista 37

Migração, pesquisa biográfica e emancipação social:
contributo para a análise do impacto da pesquisa biográfica
junto de migrantes 45
Elsa Lechner

Corpos em movimento no *hip hop* e devir jovem 75
Norma Missae Takeuti

MEMÓRIA E DOCUMENTAÇÃO NARRATIVA 93

O estudo da história da educação na região norte do Ceará
como estratégia de formação e o papel da (auto)biografia
José Edvar Costa de Araújo 95

Memória barroca: o Centro Histórico da cidade de
São Salvador da Bahia e o seu entorno
   Ana Palmira Bittencourt Santos Casimiro   111

PRÁTICAS DE FORMAÇÃO, MEMÓRIA E HISTÓRIA ORAL   129

Narrativas (auto)biográficas: artes de conhecer como
professores de matemática se constituem profissionalmente
   Adair Nacarato   131

Narrativas de licenciandos de matemática participantes em
grupos de estudos
   Carmem Lúcia Brancaglion Passos   149

Para um mapeamento da formação de professores de
Matemática no Brasil: considerações sobre a História Oral
como método qualitativo de pesquisa que envolve oralidade,
memória, temporalidade e narrativas   167
   Antonio Vicente Marafioti Garnica

Revirando quintais: em busca dos vestígios formativos   189
   Eliane Greice Davanço Nogueira
   e Guilherme do Val Toledo Prado

OS AUTORES   211

Prefácio

"*Educação é vida*", disse-nos Dewey.

"Alguém, vós ou eu, avança e diz: gostaria de aprender finalmente a viver". Desse modo, Derrida iniciava Spectres de Marx. (Aprender finalmente a viver, Jacques Derrida, entrevista com Jean Birnbaum, Coimbra: Ariadne, 2005.).

Em entrevista, no ano de sua morte, Derrida perguntou-se "Como aprender a viver?" Na mesma oportunidade, lembrou-nos:

Aprender a viver é amadurecer, e também educar: ensinar aos outros e sobretudo a si mesmo. Apostrofar alguém para lhe dizer: "vou te ensinar a viver" significa, por vezes em tom de ameaça, vou te formar ou mesmo te domar. A seguir e o equívoco deste jogo importa-me ainda mais, este suspiro abre-se também a uma interrogação mais difícil: a viver, poderá isso aprender-se? Ensinar-se? (*Aprender finalmente a viver*, Jacques Derrida, entrevista com Jean Birnbaum, Coimbra: Ariadne, 2005.).

2010 conhece a edição de uma série de seis obras nas quais os autores empenham-se de formas absolutamente originais em constituir relações entre histórias de vida e educação. O tema vem servindo à proliferação de inúmeros estudos, desde algumas décadas. No

Brasil, há alguns anos, vemos frutificar apropriações bastante diferenciadas dos elos possíveis entre (auto)biografia e formação. O que pode parecer surpreendente é, decerto essa multiplicidade de apropriações que, inauguram, de modo incessante, perspectivas novas nessa área de pesquisa. Os seis livros aqui apresentados reúnem colaborações de autores da Suíça, França, Portugal, Dinamarca, Estados Unidos, Argentina, México, Canadá e Brasil. Seus títulos refletem sua riqueza e a organização de cada um dos livros aproxima, também, estudiosos de diversos pontos do país, como se pode constatar:

- *Sentidos, potencialidades e usos da (auto)biografia*. Organização de Paula Perin Vicentini e Maria Helena Menna Barreto Abrahão.
- *Invenções de vidas, compreensão de itinerários e alternativas de formação*. Organização de Maria da Conceição Passeggi e Vivian Batista da Silva.
- *Docência, Pesquisa e Aprendizagem: (auto)biografias como espaços de formação/investigação*. Organização de Dislane Zerbinatti Moraes e Rosario Silvana Genta Lugli.
- *Espaços, tempos e gerações: perspectivas (auto)biográficas*. Organização de Elizeu Clementino de Souza e Rita de Cassia Gallego.
- *Modos de narrar a vida: cinema, fotografia, literatura e educação*. Organização de Raquel Lazzari Leite Barbosa e Mônica Appezzato Pinazza.
- *Práticas de formação, memória e pesquisa (auto)biográfica*. Organização de Vera Lucia Gaspar e Jorge Luiz da Cunha.

A alusão aos títulos permite entrever, de saída, o potencial dos trabalhos que integram cada volume. Potencial esse que evidencia tanto as possibilidades analíticas e metodológicas do trabalho com narrativas, histórias de vida e (auto)biografias quanto a diversidade de objetos passíveis de serem conhecidos e compreendidos mediantes tais fontes. Ressalta-se ainda, a bifurcação das análises entre as que tematizam, de modo preferencial, as práticas de formação e as que investem sobre a geração de conhecimentos relativos à produção das investigações. Bifurcação estratégica, mas renovadamente superada na busca de maior compreensão dos problemas. Nessa mesma busca, as pesquisas (auto)biográficas alicerçam suas fundações no domínio da pedagogia, da história, da literatura, da psicologia, das artes, da filosofia e da antropologia. Pela eleição de objetos interdisciplinares, os estudos que a série de livros nos traz constroem-se para dar conta de questões como: artes da existência, aspectos da subjetividade, cuidados com o corpo, histórias de imigrantes, experiências de escrita, formação de professores e alunos e práticas de trabalho em sala de aula.

Os resultados de tais incursões agregam, assim, elementos importantes para análises da formação e suas práticas, das artes, das narrativas e dos processos de invenção da vida. Importa sublinhar aqui o fato dos trabalhos reunidos nos seis livros exprimirem, nesse momento, um ponto significativo na história do movimento internacional de pesquisa (auto)biográfica: momento de intensa produção e de grande diversidade de métodos e de fontes que, impõe ele próprio, a urgência da construção da história do movimento. (Auto) biografia e formação, história de vida e educação, docência e memória já constituíram, internacionalmente, uma produção de tal porte que importa conhecê-la em seus cruzamentos disciplinares, em sua cronologia, em seu intercâmbios, em suas modalidades de apropriação das ciências humanas e das artes. Que o conjunto das obras agora publicadas colabore para tal empreendimento e ao mesmo tempo faça proliferar o alcance de nossa compreensão sobre as questões que contempla! Tal é a nossa expectativa.

Denice B. Catani
São Paulo, maio de 2010..

Práticas de formação, memória e pesquisa (auto)biográfica - Apresentação

> *A memória é deveras um pandemônio, mas está tudo lá dentro, depois de fuçar um pouco o dono é capaz de encontrar todas as coisas. Não pode é alguém de fora se intrometer, como a empregada que remove a papelada para espanar o escritório. Ou como a filha que pretende dispor minha memória na ordem dela, cronológica, alfabética, ou por assunto.*
>
> Chico Buarque[1]

O livro que apresentamos traz um conjunto de trabalhos que podem inspirar caminhos nesta difícil e fascinante tarefa de rememorar. ***Práticas de formação, memória e pesquisa (auto)biográfica***, reúne resultados de investigações desenvolvidas por pesquisadores portugueses e brasileiros de diferentes estados, dentre os quais São Paulo, Ceará e Bahia. A diversidade de instituições e lugares de origem dos autores atesta a expansão e consolidação da temática da qual se ocupa o presente volume. Buscamos organizar os trabalhos de acordo com os objetos e interesses evidenciados em seu interior. Assim, agrupamos a produção entre os seguintes eixos:

1. *práticas de formação e pesquisa (auto)biográfica;*
2. *memória e documentação narrativa;*
3. *práticas de formação, memória e história.*

No primeiro eixo - *Práticas de formação e pesquisa (auto)biográfica* -, agrupamos a produção cujo olhar, partindo da atenção sobre a pesquisa (auto)biográfica, foca questões de formação de profissionais das áreas da Saúde e da Educação, bem como, processos de construção de identidades de imigrantes e jovens.

---

1. Leite Derramado. São Paulo: Companhia das Letras, 2009.

O texto de Margaréte May Berkembrock-Rosito (Universidade Cidade de São Paulo – UNICID) tem o objetivo de enfatizar os vínculos entre a pesquisa (auto)biográfica e saúde, considerando a pertinência dos procedimentos metodológicos dessa área de investigação para se enfrentar os desafios do mundo contemporâneo, fomentador da "cultura líquida". Além disso, as discussões originadas pela pesquisa (auto)biográfica colaboram no entendimento do complexo fenômeno dos processos de saúde-doença. A autora ressalta que os profissionais da área de saúde,, na maioria das vezes não são preparados para lidar com os sentimentos e emoções provocados pelo sucesso e fracasso no exercício do ofício. Procurando discutir essas questões Margaréte May se serve de aportes teóricos do método autobiográfico e os relaciona com formas de narração de si pela experiência estética imagética. A partir de leituras de Hillman e Jung, entre outros autores, sublinha a importância das imagens como dimensões que "compõem a história, o jogo metafórico, estimulam o imaginário, experiência provocadora da sensibilização, na arte de narrar histórias dos próprios sujeitos".

Sylvia Helena Souza da Silva Batista (Universidade Federal de São Paulo) efetua diálogos entre educação-saúde e cidadania, esperando superar o enfoque da doença e enfatizando o processo saúde-doença. Trata então do modelo de atenção e cuidado, de forma a contribuir para a promoção da autonomia dos sujeitos. Nas palavras da autora, "um importante desafio no processo de transformação dos cursos superiores na área da Saúde refere-se à incorporação da concepção ampliada de saúde e a ênfase na integralidade e no cuidado no processo de formação profissional, bem como a aprendizagem para o trabalho em equipe multiprofissional e a discussão sobre os condicionantes trazidos pelos planos e projetos educacionais e assistenciais."

Elsa Lechner (Universidade de Coimbra) traz à discussão efeitos emancipatórios verificados no exercício da *"biografização"* de imigrantes. Usa como referencial teórico e metodológico entrevistas e ateliês biográficos, bem como discussões relacionadas aos conceitos de emancipação e resistência. Em seu artigo procura apresentar um dispositivo emancipatório dos migrantes assente em práticas de "*biografização*". Para tal, procede a uma breve definição do conceito de emancipação e contextualização científica das práticas emancipatórias. A reflexão proposta partiu das experiências de trabalho junto a migrantes de origens diversas, em diferentes contextos geográficos, que aceitaram "contar suas histórias".

Norma Missae Takeuti (Universidade Federal do Rio Grande do Norte) reflete sobre o cenário biopolítico (de sujeição e disciplinamento) e de resistência social que envolve práticas de hip-hop de jovens, especialmente por essas práticas possibilitarem "reinvenções" de subjetividades. Em seu texto, realça as perspectivas de estudo de Michel Foucault (genealogia do poder e hermenêutica do sujeito) e da micropolítica (Deleuze e F. Guatari – Mil Platôs). A autora finaliza chamando a atenção para as "movimentações e atuações de jovens engajados em ações artístico-culturais, com ressonâncias políticas, para descobrir novos *estratos* de potencialidade inventiva de *formas de viver* de pessoas e/ou coletivos numa sociedade, ainda por cima, bastante excludente".

O segundo eixo, *Memória e documentação narrativa*, inicia-se com o texto de José Edvar Costa de Araújo (Universidade Estadual Vale do Acaraú –CE), no qual o autor dá notícia das atividades do Grupo de Pesquisa História e Memória Social da Educação e da Cultura – MEDUC. Trata-se de uma narrativa sobre o movimento de pesquisadores da região norte do Ceará, cujo objetivo é induzir estudos sobre a memória e história de educadores, instituição e práticas educativas – escolares ou não – em pequenas comunidades e espaços mais amplos da região. Entre as iniciativas, destaca a LABFontes, que se transformou em um produtivo momento chamado Encontro de Memórias, que descreve como uma estratégia destinada a estreitar o contato de pesquisadores, estudantes do ensino médio e comunidades não-acadêmicas do município de Sobral (e municípios vizinhos), tornando possível identificar os memorialistas, pesquisadores e seus acervos, bem como os desejos e as possibilidades de criar ou potencializar iniciativas já existentes".

O segundo texto que compõe este eixo é de Ana Palmira Bittencourt Santos Casimiro (Universidade Estadual do Sudoeste da Bahia), que vem com o propósito de discutir a importância dos documentos coloniais (impressos, obras de arte, monumentos, fotografias, traçado urbano, casario, sobrados e igrejas) como fontes da memória e auxiliares na compreensão da história da cidade - no caso específico, a cidade de Salvador. Como registra a autora, na paisagem urbana colonial, "do início do século XVI até meados do século XVIII, a sociedade da Bahia foi plasmada e sua memória permanece até hoje recontada, transfigurada, mas os indícios iniciais não se perderam – resta saber reconhecê-los".

Chegamos ao terceiro eixo, *Práticas de formação, memória e história*, reservado ao grupo de pesquisadores de Educação Matemática e seus profícuos trabalhos no campo da formação de professores. Adair Mendes Nacarato (Universidade São Francisco – USF – Campus Itatoba/SP) relata os investimentos implementados, desde sua tese de doutoramento, em torno do uso de autobiografias nos cursos de formação de professores de Matemática, constituindo, assim, um texto de exame da própria prática.

As histórias de professores mobilizadas pelo autor são histórias de dificuldades, mas também de conquistas .... dificuldades e conquistas que cunham um importante papel na constituição da subjetividade desses professores.

Carmem Lucia Brancaglion Passos (Universidade Federal de São Carlos) aposta nos textos narrativos como instrumentos de pesquisa, por possibilitarem identificar, compreender e analisar o processo de produção de conhecimento de licenciandos e de professores de Matemática relativos à prática docente e a etapas do desenvolvimento profissional. A autora investe na perspectiva de que, ao revisitarem suas próprias trajetórias escolares, os futuros professores teriam mais clareza e domínio sobre aspectos constitutivos de suas identidades profissionais.

Por sua vez, Antonio Vicente Marafioti Garnica (Universidade Estadual Paulista "Julio de Mesquita Filho / UNESP - Bauru/Rio

Claro) expõe iniciativas de práticas de formação e atuação de professores de Matemática no Brasil, desenvolvidas no âmbito do *Grupo de Pesquisa História Oral e Educação Matemática*. No texto, discute o método de investigação em História Oral, assim como o histórico da aplicação da metodologia de pesquisa na Educação Matemática e formação de professores. A partir de longa experiência, o autor afirma que "a História Oral na Educação Matemática diferencia-se da História Oral praticada em outras áreas".

Finalizando, temos o texto de Eliane Greice Davanço Nogueira (Universidade Estadual de Mato Grosso do Sul – UEMS e Universidade Católica Dom Bosco - UCDB) e Guilherme do Val Toledo Prado (Universidade Estadual de Campinas - Unicamp), que analisam o processo de investigação ocorrido em um grupo de pesquisa-formação do município de São Gabriel do Oeste, no estado de Mato Grosso do Sul, composto por professoras da região. Segundo os autores, as discussões realizadas com o grupo possibilitaram a reflexão sobre a prática docente, pelas quais foi possível compreender a influência da vida escolar e docente na constituição pessoal e profissional de seus membros.

Vera Lucia Gaspar da Silva
Universidade do Estado de Santa Catarina

Jorge Luiz da Cunha
Universidade Federal de Santa Maria

Práticas de formação e pesquisa (auto)biográfica

Pedagogia imaginal: uma narrativa formativa autobiográfica entre os lugares da saúde e da educação

Margaréte May Berkenbrock Rosito

Introdução

A pesquisa autobiográfica é relevante nos procedimentos pedagógicos. Trata-se de uma abordagem complexa, com várias facetas pertinentes, que dialogam com fenômenos peculiares, caracterizadores do mundo contemporâneo, fomentador da "cultura líquida".

Os fenômenos relacionados à saúde têm sido uma preocupação do ser humano no decorrer dos tempos. O mundo contemporâneo, marcado pela idolatria das ciências e da tecnologia e pela excessiva valorização da razão, ostenta a busca pela solução dos problemas relacionados à saúde.

O objetivo deste trabalho é enfatizar os vínculos entre a pesquisa autobiográfica e a saúde. A reflexão sobre a própria autobiografia torna o indivíduo sujeito. O sujeito aprimora seu autoconhecimento e sua percepção do outro e do mundo. Este aprimoramento é condição essencial na busca de uma vida saudável.

No mundo contemporâneo, o indivíduo usufrui de benefícios, decorrentes dos avanços científicos e tecnológicos. Porém, a aceleração e a contingência, marcas da modernidade, suscitam o individualismo e a incomunicabilidade, cujas consequências são a solidão, o tédio, o exílio, fenômenos que comprometem a existência de uma vida saudável.

Nesta conjuntura, atenuam-se os danos causados, na psique humana, pela racionalidade exacerbada, através da utilização da História de Vida como prática educacional. Nas escolas, esta prática propicia a percepção de si mesmo, do outro e do mundo, cuja consequência é a aquisição de uma forma mais saudável de atuar no mundo e na vida.

O fracasso como professora, em 2001, que trouxe a necessidade de compreendê-lo e superá-lo, por meio da realização da Colcha de Retalhos em 2002, aproxima o tema da saúde ao de meu trabalho pedagógico. Este é o ponto de partida que me levou a perceber esta relação também para outros profissionais que atuam e educação e saúde. A saúde é uma grande necessidade do ser humano contemporâneo, pois há uma luta pela sobrevivência que nos tem adoecido. Cabe ressaltar que em nosso processo formativo não fomos preparados para lidar com os sentimentos e emoções provocados pelo sucesso e o fracasso, que se fazem entre muitos intervenientes de natureza complexa, e acabamos adoecendo. Aponta-se neste trabalho que buscar na história de vida o que nos torna sujeitos de nossa prática profissional pode ser uma saída tanto para a superação deste adoecimento como para sua prevenção. Tal adoecimento pode originar-se do embotamento do sujeito que se isola e não consegue viver uma perspectiva de pertencimento, relacional e crítica, a uma teoria, método e linguagem, a partir dos quais possa construir a autoria de sua prática. Como tomar em nossas mãos a própria história? O que faz de nós o que nós somos? Sem responder profundamente a estas perguntas, mas também sem a pretensão de respondê-las definitivamente, torna-se praticamente impossível a construção da autoria pessoal e profissional.

Nesse sentido, o espaço político na formação é, por excelência, espaço de realização humana. Como sujeito aprendente, o professor deixa de ser apenas consumidor de teorias prontas e acabadas para tornar-se crítico, re-criador e produtor de teorias e outros produtos culturais que leva seus alunos a se desenvolverem também de forma crítica e criadora, na contramão da divisão social do trabalho, em que uns pensam e outros fazem. Neste percurso, há a construção de sentidos nas diferentes dimensões da vida.

A arte de ser pessoa

Na infância, brinca-se de teatro. As memórias dessas brincadeiras são transportadas para a vida adulta e, através delas, pode-se observar uma relação com os significados do termo pessoa, que tem origem no grego *personare*, que significa "as máscaras dos artistas" e a "possibilidade de amplificação da voz". Há outra origem para o termo, que vem do etrusco *persu*, e significa "gente com máscara". No Direito Romano, por exemplo, pessoa significava o papel de partitura distribuído a um ator na vida jurídica. *Personam habere*, assim, significa "representar um papel, ter uma obrigação, uma função previamente determinada pela ordem do cosmos, pela *physis*". Tomás de Aquino, ao criar as expressões "pessoa humana" e "pessoa divina", para explicar a distinção entre homem e Deus, contribuiu para marcar a diferença entre seres humanos e Deus (BUGLIONE, 2005, p.101)

O termo pessoa pode, portanto, significar personagem ou um papel a ser desempenhado na imaginação das memórias infantis. É possível que se estabeleça uma relação entre o termo *persona*, significando "aquilo que o outro espera de mim" e a amplificação da consciência presente na teoria do processo de individuação formulada por Jung.

O processo de individuação é modo singular e particular de cada um fazer a relação com a autoria. A relação com o resgate das memórias infantis é fonte de potencialidade de criatividade no desenvolvimento da autoria. É da condição da pessoa humana inventar e reinventar. A autoria é uma invenção cultural. Para Jung, a criatividade é um instinto da natureza humana, enraizado no inconsciente coletivo, mistério criador, capaz de sintetizar os diferentes aspectos contrários da psique em direção ao *Self*.

Entramos aqui num território delicado, movediço, que se faz entre a cultura e a natureza humana. Esta distinção torna-se complexa e esta complexidade prevalece na trama da autoria. Justifica-se isto considerando o fato de o homem, devido à condição de sua natureza, produzir e inventar cultura. É apropriada, no entanto, a preocupação em relação a uma invenção cultural que adquira o sentido de natureza humana. Aquilo que é da cultura é naturalizado.

Freire tinha uma ideia: os sujeitos são capazes de fazer cultura à medida que criam. Assim iniciava o seu trabalho, apontando situações que mostram que todos nós estamos cercados por objetos, que são coisas feitas pelo homem e coisas que não são feitas pelo homem. As coisas, objetos feitos pelo homem, significam cultura; aquelas que não são feitas pelo homem significam natureza.

O homem cria a cultura. Ele cria a relação com o diferente, entre aquilo que é considerado "superior" e "inferior", que não é algo natural. Tal atitude vincula-se às relações de poder. As categorias de bom e mau, de belo e feio são criações da subjetividade. Quando se menciona o termo "subjetividade", faz-se referência ao homem como criador de cultura e, ao mesmo tempo, por ela produzido.

O conceito de "pessoa como ser de autonomia" aponta para uma situação de abertura para o mundo antropológico-educacional, mas também para um lugar das indefinições dos espaços de autonomia humana. Neste contexto, encontram-se os desafios da vulnerabilidade do corpo, as implicações do "vir-a-ser" daquele que sofre as marcas do tempo. O tempo é juízo das incertezas humanas. A pessoa como ser de corporeidade passa do desejo ao não-desejo, do não-desejo ao desejo, da independência à dependência de aparelhos ou medicamentos como recurso de sobrevivência à doença: mal de Parkinson, câncer, mal de Alzeihmer, esquizofrenia e outras doenças mentais que interferem na memória do eu.

Afirmar a autonomia, a partir de sua negação, significa que não se trata de afirmar que a autonomia não é própria da pessoa, mas que está na relação entre pessoas e objetos (FABRI DOS ANJOS, 2005, p.326). Centrar o debate da autonomia, como relações, não é determinante para compreender o que está diante dos olhos: o Ser humano é um esquecimento da contemporaneidade. Apenas SER, é a ordem. Ser *light*, Ser *vip* ou Ser celebridade a qualquer custo. No Ser *fashion*, a superficialidade hegemônica do pensamento inviabiliza e reduz o exercício da autonomia.

Há aqui uma questão relevante: a pessoa tem, ou não, a potencialidade de protagonizar sua autonomia como sujeito. Esta possibilidade deslocaria a discussão para algumas direções: que sujeito é este, diante da vulnerabilidade da identidade corporal? Que sujeito é este, diante do argumento midiático da eterna juventude que, obviamente, não corresponde à identidade real, desfrutada pelo sujeito, aprisionado à imagem dos corpos jovens e sarados?

Nessa linha, o sujeito pode expressar-se no "vir-a-*Ser–Mais*" ou no "vir–a-ser-menos". Por outro viés argumentativo da mídia, a lógica da representação do físico separa a mente do corpo, surgindo a fragmentação: rostos e troncos sem cérebros; cérebros sem rostos e sem troncos, corpos sem rostos e sem cérebros. Nesses casos, na discussão da autonomia e da liberdade, é relevante a afirmação de que o sujeito não seria um sujeito autônomo, mas um sujeito alienado como um objeto desfigurado, porque a valoração mercadológica do ser humano é atribuída, com mais ou menos intensidade, a quem tem poder de consumo.

A complexidade do termo pessoa se explica por que este vocábulo não se refere a um dado natural. A pessoa é uma categoria moral, ética, estética, política, ideológica e de poder. Da mesma forma, o adjetivo "humano" está baseado na vida que é um valor ético, um valor supremo, fundamento de qualquer outro valor.

Estabelecem-se estreitas relações entre os termos autonomia, autoria, conscientização e sujeito. Os estudos teóricos sobre as narrativas autobiográficas demonstram que elas são importantes no processo da construção dos sujeitos. Ser sujeito vincula-se à saúde psíquica e, consequentemente, à saúde física dos indivíduos.

A abordagem autobiográfica e a formação de professores

A pessoa ostenta uma posição fundamental, a partir da experiência pessoal do profissional, pois ela exprime o processo de conscientização necessário à aquisição da responsabilidade e da consciência. Este é um pressuposto necessário para a garantia do processo de existir do indivíduo. Tanto a ideia de pessoa quanto a inserção na complexidade da formação humana do profissional apontam que pensar, sentir, criticar, refletir, criar, imaginar são valores estéticos, éticos e morais, que devem fazer parte da existência de um ser que ostente responsabilidade por si mesmo, pelo outro e pelo contexto, tanto local, como regional ou planetário ou universal. Há uma interligação de conhecimentos da vida, do mundo e do homem.

Considerar a liberdade como ponto fundamental, na formação da pessoa, requer a recuperação do sentido da História e da historicidade da existência. Assim, há o ato de repensar a metáfora Tábula Rasa, no ato de repensar a experiência na formação, construída nas histórias que contam de mim e que conto de mim.

Freire propõe uma ética pedagógica, que é uma ética da vida: converter a vida negada em vida afirmada, tomando como referência a própria história do indivíduo e sua experiência vivida. Nesse sentido, a educação, como prática da liberdade, considera que a História de Vida, nos processos formativos, tem a ver com o valor da posição ética em favor da vida (CASALI, 2008).

No processo de análise da perspectiva dos pioneiros sobre a História de Vida em formação, percebe-se que Josso (2002), Nóvoa (2000), Pineau (2004) e Dominicé (2006) fundamentam-se, ao final, em Freire. Isto ocorre, na busca da pedagogia freireana, como ética da vida, como compreensão da humanização do ser humano, como processo de conscientização de ser histórico e inacabado, a partir da experiência pessoal do profissional. A contribuição de Freire, o processo de conscientização como passagem da consciência ingênua para uma consciência crítica, a partir do vivido, o sujeito "tomando a história em suas mãos", em "círculos concêntricos", compreende a realidade em sua profundidade, recria de modo particular a realidade. Ele a cria transformando a si mesmo em ser de História.

A Ego-História Chaunu (1987), Agulhon (1987), Duby (1987), Girardet (1987), Perrot (1987), Le Goff (1987), Rémond (1987) e Nora (1987) apresentam a possibilidade de que os homens sejam historiadores deles próprios, como condição de uma consciência da estreita ligação pessoal que mantém com seu trabalho, perceber os percursos, linhas, laços e nós da experiência formação. "De explicitar, como historiador, o elo entre a história que se fez e a história que vos fez" (NORA, 1987, p. 11).

Neste processo, há o desdobramento em ser de acontecimento, na ocorrência da teorização da própria prática. Esse caminhar possibilita o reconhecimento de ser professor e pesquisador, constituído de diferentes valores e diferentes verdades, muitas vezes, inconciliáveis. Tais valores foram apreendidos em diferentes espaços e lugares.

As narrativas autobiográficas são procedimentos fundamentais, pois, a partir do vivido, o indivíduo toma a história em suas mãos. Neste percurso, o indivíduo torna-se sujeito, aperfeiçoa-se na busca da conscientização e acha o caminho, para o aprimoramento de sua saúde emocional e física.

A emergência do método da Colcha de Retalhos

Quando criança, eu queria ser atriz. Abdiquei do sonho do magistério, próprio das meninas daquela época. Brincava de teatro no quintal; vibrava ao representar os personagens das histórias contadas no Teatro Mambembe; revivia as palhaçadas do circo, com o "Boi de Mamão", cantado e dançado. Existia, ainda, um imaginário forjado nas novelas e fotonovelas, nos filmes de Mazzaropi ou de bangue-bangue, filmes americanos de faroeste, aos quais eu assistia no único cinema de Imaruí, Santa Catarina, cidade na qual eu vivia.

Na adolescência, ajudava a cuidar da loja de retalhos de propriedade de minha mãe. Inventei histórias cujos personagens dialogavam com as freguesas, confundindo ficção e realidade.

Já no doutorado, na condição de pesquisadora, elaborei minha tese, seguindo os padrões estruturais do gênero dramático, como se fosse um texto de teatro clássico.

Como professora e orientadora, no diálogo com alunos, invento personagens, criando histórias que lidem com situações imprevisíveis ou previsíveis. Nessas circunstâncias, meu olhar estético, sobre a formação de professores e pesquisadores, coincide com Perissê (2009, p. 87):

> a aula é um encontro, se houver espírito de criança, criação de situações que detêm o tempo. Quando nos encontramos numa situação criadora, lúdica, o tempo não passa. Paramos de envelhecer. Deixamos de ser adultos adulterados e reencontramos a alegria de pensar, imaginar, fabular.

Esta visão dos procedimentos pedagógicos, em sala de aula, é condizente com uma prática pedagógica humanista centrada na pessoa.

Esse exercício propicia a apresentação da experiência da Colcha de Retalhos, que vem sendo desenvolvida, desde 2002, nos cursos de graduação em Pedagogia e nos mestrados em Educação e Bioética. Trata-se de uma proposta que aborda a pesquisa, a partir da reflexão sobre a própria prática do docente, reconstruindo sua história de vida e suas relações com a Educação Estética na formação humana de professores. Nela, cada participante apresenta a sua autoria, na história tecida em retalhos e o conjunto de relatos integra a composição definitiva da Colcha de Retalhos, com nuances da narrativa imaginária.

As incursões no quintal imaginário são referências do campo dos estudos e produções do imaginário e são, ainda, a abertura para dialogar com o mistério, com as incertezas. De outro modo, fazendo uma leitura da mitologia, a autoria é símbolo de mistério, de novidade e de renovação. Há a compreensão do mito, entendido aqui como uma narrativa sobre uma força que caminha para além do desejo humano. Esta força garante e mantém uma espécie de ordem no mundo, capaz de gerar sentimento, que aparece na estrutura de uma cultura. Trata-se de construções que estão presentes na vida intelectual, na vida pessoal e na vida particular dos seres. Estas construções são, explícita ou implicitamente, irrigadas de fantasias e fantasmas, que influenciam as escolhas e tomadas de decisões, capazes de ordenar algo que seja comum em todos os personagens que habitam, na materialidade de suas máscaras e papéis, a experiência de professores e pesquisadores.

Da emergência do método à alfabetização dos sentidos

Tarde demais te amei, ó beleza tão antiga e tão nova! Tarde te amei! Eis que habitavas dentro de mim eu te buscava do lado de fora. Eu, disforme, lançava-me sobre as coisas belas que tu fizeste. Estavas comigo, eu não estava contigo. Mantinham-me longe de ti aquelas coisas que, se não fossem em ti, não existiriam. Chamaste, gritaste, venceste minha surdez. Resplandeceste, brilhaste e ofuscaste minha cegueira. Exalaste teu perfume. Eu o aspirei e suspiro por ti. Eu te provei e agora tenho fome e sede de ti. Tocaste-me e ardi no desejo de tua paz (SANTO AGOSTINHO apud FORTE, 2006)

Santo Agostinho reconhece que a beleza não se encontra tão distante como se imaginava. A estética agostiniana sinaliza em direção à atenção aos nossos próprios movimentos interiores. Uma incursão do profano no sagrado, tão distante e tão próximo, conduz ao mistério, no sentido grego, uma abertura ao céu, ao inefável, ao realismo espiritual, à exultação. Nas palavras de Santo Agostinho, é possível que se encontre o espaço para contar o reconhecimento de meu processo de autoria. Ir "às origens" é sentir-se inteira. Quando criança, vivi a experiência de aprender a lidar com perdas e ganhos, chegadas e partidas. Aos trezes anos de idade, tornei-me "órfã de pai". Minha mãe abriu uma loja de retalhos, com a qual sustentou seus quatros filhos. O retalho passou a sustentar o processo de construção de minha autoria como pesquisadora e professora universitária.

Há analogia entre a minha descoberta e a filosofia de Santo Agostinho: a beleza do reconhecimento da autoria que está presente no indivíduo, a epifania de um mistério humano. É preciso fazer um mergulho no mais profundo de nossa memória, voltar-se para dentro, num ato de perceber - *Luminas profundis* -, as luzes que vêm de dentro. É preciso fazer um *Ursprungklärung*: *Ur* significa fonte; *sprung* significa jorrar; *Klärung* significa iluminar; portanto, é preciso ir à fonte de onde jorra e ilumina a autoria.

A revelação do lugar da origem da autoria não ocorre imediatamente; exige uma busca consciente e inconsciente, de lugar em lugar, envolvendo cidades, culturas, instituições, cursos, professores, pessoas, grupos de estudos, filmes, angústias, medos, sucessos, fracassos.

O desvendamento do mistério do acontecimento da origem da autoria, baseada na investigação policial de Sherlock Holmes, exige uma investigação apurada para decifrar o enigma. Na narrativa deste enigma, aquele que narra acredita que está contando um fato baseado em fatos reais.

Como na Teoria do Caos, da decifração de um enigma de um determinado acontecimento jorra a autoria. A fonte da autoria não desvela todo o enigma. A história não acaba nunca. Ao contar, o indivíduo vai se desvelando a si mesmo e ao outro, mostrando o sentido de narrar a história de si, no contexto da **compreensão de formação estética de professores.** Narrar a própria história implica pensar a Educação Estética mergulhada no campo das imagens, **demonstrando a fruição do imaginário na atividade da Colcha de Retalhos.** A partir do espaço da perspectiva junguiana sobre a dimensão simbólica na formação de professores, em Furlanetto, e do espaço da Ego-História, baseando-me no contato com o GEPI - Grupo de Estudos de Interdisciplinaridade -, coordenado por Fazenda, emerge uma pergunta formulada a partir de lugares diferentes, que me levaram a decifrar o enigma da relação da Colcha de Retalhos, vinculando-o à minha História de Vida: Qual a relação da Colcha de Retalhos com a sua História de Vida?

Depois de muito tempo, decifrei o enigma: o fracasso como professora, em 2001, a realização da Colcha de Retalhos, em 2002, o congresso no Chile, em 2004, tudo se articula a partir de um acontecimento - a morte de meu pai, em 1975. Foi uma experiência de perda e de ganho. Concomitantemente, no mesmo ano, minha mãe adquiriu a loja de retalhos, concretizando seu sonho. Está aí a origem de minha autoria.

Os dados aleatórios, como na Teoria do Caos, reorganizam-se, no processo de revelação da saga humana, que torna perceptível a minha autoria. Revela-se a importância dos aspectos inconscientes do ser sujeito da história. O procedimento de trazê-los à consciência e assumi-los fortalece a experiência do ser, construído historicamente, na relação consigo mesmo, com o outro e com o contexto.

A busca do Eu:
Pedagogia Imaginal na formação estética

A arte de narrar experiências envolve um pressuposto epistemológico; emerge do processo criativo; o extraordinário do homem ordinário. Educação Estética como alfabetização dos sentidos, revela-se como algo construído no diálogo entre a imagem e o conceito. Narrar a própria história para compreender como o sujeito faz a História, uma linha tênue pode ser esboçada entre passado e presente – vias para o contato com a autoria que nos habita.

A experiência estética, assim como a beleza para Agostinho, está na fruição da parte no todo, naquilo que une e arrebata os sentidos. A audição, a visão, o olfato e o tato são atingidos pela beleza interior. Trata-se da epifania de um mistério, quando evocamos as lembranças guardadas em nossa memória: as personagens, as máscaras, a criatividade enraizada no inconsciente coletivo. É, pois, um mistério criador, capaz de transcender e de proporcionar a própria reinvenção como ser humano.

A arte, contudo, não é apenas um objeto voltado para a contemplação; pelo contrário, sabe-se que a arte evoca sensações epifânicas. Tais sensações proporcionam a experimentação de ouvir, ver, tocar, degustar, cheirar. Isto conduz à percepção do indizível e do invisível que vêm à tona, a partir daquilo que ocorre, quando se é surpreendido pelo inusitado. Isto provoca, no indivíduo, um arrebatamento, sem planejamento prévio ou que seja passível de controle.

Fica-se detido diante do arrebatamento, porque algo acontece no ser humano. Há uma fruição dos sentidos de abertura para os valores estéticos que, de fato, fundamentam a ação do homem diante do mundo. Na experiência do arrebatamento, há um choque, a quebra da proteção consciente e anuncia-se o processo de criação (BENJAMIN, 2008). O papel da experiência estética que conduz à compreensão da formação pelas relações no campo das imagens tem uma preocupação gnosiológica.

Como é possível a formação no campo das imagens? Segundo os estudos que venho desenvolvendo em Hillman (1995, 1997), este conhecimento advém da aquisição de um saber pela experiência imaginativa. As imagens compõem a história, o jogo metafórico, estimulam o imaginário, experiência provocadora da sensibilidade, na arte de narrar história dos próprios sujeitos. É um espaço no qual lembranças, sentimentos e imaginação podem ser acolhidos.

As imagens não se esgotam nas sensações e percepções das emoções. Se o indivíduo tomar consciência de seus sentimentos, existe uma experiência estética. De forma análoga, a razão produz um saber, um conhecimento da representação da sensibilidade. A estética é a história da sensibilidade, do imaginário e dos discursos que procuram valorizar o conhecimento de sensibilidade, considerado inferior ao conhecimento racional, na civilização ocidental.

Assumo o termo Pedagogia Imaginal compreendendo a narrativa como uma estética da imagem, a partir a Psicologia arquetípica de Hillman, um legado de Jung - "ficar com a imagem"-, que tem origem em Janet - "refere-se à psique e à consciência em múltiplas figuras e centros" (HILLMAN, 1995).

Como diz Piaget (1969): [...] "Meu mestre Janet já dizia que a reflexão interior constitui uma conduta social interiorizada: uma discussão ou deliberação consigo mesmo". Janet, também mestre de Jung, deixa o legado da compreensão da multiplicidade de consciências que habitam o sujeito.

A singularidade do sujeito é uma composição de imagens de consciências, fantasias (JUNG, 2000), fantasmas (LACAN, 1986). Narrar histórias sobre nós mesmos é uma possibilidade de produzir imagens sobre a nossa trajetória. Desvela-se, neste processo criativo, a autoria oculta presente-esquecida, no adulto, que precisa de atenção. Assim, é essencial que o pesquisador e o professor reconheçam e cuidem desta autoria que neles habita.

A autoria vai se desvelando, à medida que significados emergem de cada narrativa como enigmas a serem decifrados da palavra, da oralidade e da pictografia. A narrativa escrita compreende duas estratégias para a realização do documento Biográfico e do Autobiográfico. Para o trabalho Biográfico os participantes são convidados a descrever três cenas marcantes da Educação Básica ou do Ensino Superior, apontando sua relação com o conhecimento: Qual a relação com o professor? De autoria ou submissão? Que aluno fui?

Em seguida, elaboram o documento Autobiográfico por meio do "Quadro Linha da Vida", com as categorias de tempo e espaço: vida familiar, escolar, acadêmica, profissional, amorosa, pessoas, livros, filmes, romances, deslocamentos geográficos. Faz-se um mapeamento dos divisores de água – o "antes" e "depois" daquele acontecimento. A seguir, a descrição das descobertas e reflexões sobre o que e como aprenderam. O objetivo é compreender como o sujeito conhece e qual o impacto das aprendizagens na formação social, profissional e pessoal.

Josso (2002) observa que o método da História de Vida possibilita "momentos charneiras, divisores de água", quando ocorrem transformações e mudanças de referenciais de vida. É o "movimento para uma compreensão que libera criatividade em nossos contextos de mutação sociais e culturais" (JOSSO, 2008, p. 36).

Os alunos assistem ao filme *Colcha de Retalhos* (*How to make an American quilt*, by Mocelin Moorhouse, EUA, 1995). No filme, há uma narrativa que evoca lembranças, com metáforas significativas para o desenvolvimento do pensamento analógico. Morangos significam sedução; o vento parece apontar tempos de transformação; o mergulho representa os movimentos e as fontes formativas; a colcha representa a harmonia e a riqueza dos diferentes retalhos e a singularidade dos processos criativos.

A narrativa escrita dos alunos transforma-se em uma imagem-pictórica no retalho, contada oralmente para o grupo. Em seguida, a feitura coletiva – costurar os retalhos, para formar a Colcha de Retalhos - e a apreciação da obra de arte. Os retalhos costurados não dissipam a singularidade de cada história e seus autores que, agora como espectadores, observam cenas e lugares de onde emergem as cenas de autoria. Neste momento, explicitam-se o singular e o universal na originalidade de uma obra de arte.

A dimensão estética na educação, na experiência dos jesuítas, aprende-se uma concepção integrada, que a Colcha de Retalhos é a obra de arte do fechamento de um encontro de formação estética. Na experiência jesuítica, o fechamento de cada curso (disciplina) requeria a elaboração de uma obra de arte. A arte poderia ser uma carta para o púlpito, uma peça de teatro em latim e tupi-guarani, o que requer rigor e conhecimento.

Tecer imagens em retalhos ajuda a puxar o fio da memória e acionar um caminho de retorno. Com a narrativa que ganha visibilidade nos retalhos tramados, revive-se a história da humanidade, do processo de registrar e do desenvolvimento do sistema da escrita. A imagem é origem da escrita. O homem deixou vestígios de sua capacidade imaginativa sob forma de desenhos na pedra, da era paleolítica à época moderna. Na era paleolítica, as imagens comunicavam e registravam a história da humanidade.

A partir do retalho-história feito à mão, são aproximados polos culturalmente desconectados e essenciais para a vida pessoal e profissional do indivíduo – razão e emoção, cognição e afeto, consciência e inconsciente, singular e coletivo. Neste contexto, surgem conteúdos que podem ter sua compreensão intensificada no campo da sensibilidade. A história, tecida na imagem elaborada em retalhos, constitui-se em um centro depositário de memórias, ao redor do qual se torna possível o aparecimento de imagens que podem ser alegres, tristes, brincantes, curiosas, inteligentes, oprimidas, solitárias, medrosas, tímidas.

Constata-se, assim, a estreiteza das relações entre as narrativas autobiográficas e o aprimoramento da saúde. "Ir às origens é sentir-se inteira", porque, neste processo, há o reconhecimento da autoria que está presente no indivíduo. O mergulho do ser humano, no mais profundo de sua memória, leva-o à percepção da fonte de onde jorra a sua autoria. Estes procedimentos colocam o indivíduo no caminho de busca do aprimoramento de seu bem-estar mental e, consequentemente, de sua sanidade física.

Considerações Finais

Experiências, oriundas de procedimentos pedagógicos bem-sucedidos, e o suporte teórico sobre a eficácia do método da utilização das Histórias de Vida foram desvelados neste trabalho. A partir desta reflexão, são estabelecidos os vínculos entre a Pesquisa Autobiográfica e a Saúde.

A saúde tem sido objeto de estudos, no decorrer dos tempos. Entretanto, com o avanço científico e tecnológico do mundo contemporâneo, enfatizaram-se as pesquisas nesta área de conhecimento. O ser humano contemporâneo, inegavelmente, usufrui de benefícios decorrentes do avanço das ciências e da tecnologia. Por outro lado, a aceleração do mundo moderno e a valorização exacerbada da racionalidade fazem com que o homem contemporâneo se torne vítima de suas próprias conquistas científicas e tecnológicas: surgem a incomunicabilidade e o individualismo, cujas conseqüências são o tédio, a solidão, o exílio.

Nesta conjuntura, a utilização da História de Vida, como prática educacional, pode atenuar os danos causados na psique humana, pelo excesso de racionalidade da vida moderna. Esta prática, nos bancos escolares, faz com que os indivíduos se aprofundem na percepção de si mesmos, do outro e do mundo. A conseqüência deste conhecimento é a aquisição de uma forma mais saudável de atuar no mundo e na vida.

Referências Bibliográficas

BENJAMIN, Walter. *Imagens*/Carlos Pernica Júnior, Fernando Fábio Fiorese Furtado, Nilson Assunção Alvarenga (Org.). Rio de Janeiro: Muad X, 2008.

CASALI, Alípio. O legado de Paulo Freire para a pesquisa (auto) biográfica. In: PASSEGGI, Maria da Conceição; BARBOSA, Tatyana Mabel Nobre (Org.). *Narrativas de formação e saberes biográficos.* Natal/RN, Editora da UFRN, São Paulo, Paulus Editora, 2008.

FABRI DOS ANJOS, Márcio. O corpo no espelho da dignidade e da vulnerabilidade. *Revista Mundo da Saúde.* São Paulo, v. 30, n. 3, julho/setembro, 2006. p. 325-335.

FERREIRA-SANTOS, Marcos. *Crepusculário: Conferências sobre mitohermenêutica e educação em Euskadi.* São Paulo: Zouk, 2004.

FORTE, Bruno. *A porta da beleza, por uma estética teológica.* Aparecida, SP: Ideias e Letras, 2006

FREIRE, Paulo. *A Pedagogia da Esperança;* um reencontro com a Pedagogia do Oprimido. Rio de Janeiro, Paz e Terra, 1992.

_____.*A Pedagogia da Autonomia:* saberes necessários à prática educativa. São Paulo: Paz e Terra, 1997.

FURLANETTO, Ecleide. *Como nasce um professor?* São Paulo: Paulus, 2003.

JIMENEZ, Marc, *O que é estética?* São Leopoldo-RS, Editora Unisinos, 1999.

JOSSO, Marie-Christine. *Experiências de vida e formação.* Lisboa: Educa, 2002.

JUNG, Carl Gustav. *A natureza da psique.* 5. ed. Petrópolis, Vozes, 2000.

HILLMAN, James. *An inquiry of image.* Connecticut: Spring, 1997.

LACAN, Jacques. *L' éthique de la psychanalyse.* Paris: Seuil, 1986. Lé semaire, livre VII.

NORA, Pierre. *Ensaios de Ego-História.* Lisboa/Portugal, Edições 70, 1987.

ORTIZ-OSÉS, Andrés. Hermenêutica posexistencial. In: MAILLARD & GUERVÓS (Eds.). Estética e Hermenêutica. *Contrastes Revista Interdisciplinar de Filosofia.* Suplemento 48, 2003a.

PERISSÉ, Gabriel. *Estética e Educação.* Belo Horizonte, Autêntica Editora, 2009 (Coleção Temas & Educação).

PINEAU, Gaston. A autoformação no decurso da vida: entre a hetero e a ecoformação. In: NÓVOA, A e FINGER, M. *O método autobiográfico e a formação.* Lisboa: Ministério da Saúde, Departamento de Recursos Humanos, 1988.

Saúde, Cuidado e Formação:
por entre desafios e possibilidades

Sylvia Helena Souza da Silva Batista

> *No mistério do Sem Fim,*
> *equilibra-se um planeta.*
> *E, no planeta, um jardim,*
> *e, no jardim, um canteiro,*
> *no canteiro, uma violeta,*
> *e, sobre ela, o dia inteiro,*
> *entre o planeta e o Sem Fim,*
> *a asa de uma borboleta.*
>
> (Cecília Meireles - Canção)

A análise da tríade saúde, cuidado e formação permite movimentos de discussão e inflexão crítica sobre os modos de produção do trabalho em saúde e acerca dos pressupostos que têm orientado não somente a reordenação dos serviços de saúde, mas também as políticas de formação dos profissionais da saúde (FEUERWERKER, 2003)

Assim, a nova postura frente ao conhecimento passa, necessariamente, pelo esforço de criar espaços formativos na universidade que tragam o diálogo educação-saúde e cidadania como eixo fundante, superando o enfoque na doença para a ênfase no processo saúde-doença e tendo na transformação do modelo de atenção, na integralidade do cuidado, caminhos para contribuir para a autonomia dos sujeitos na promoção da saúde (FEUERWERKER, 2003; CECCIN, 2005).

Quando se fala de ensino na saúde, delineiam-se zonas de interseção entre as práticas educativas e as de saúde, configurando o encontro de múltiplos saberes e fazeres. Reconhecem-se, assim, áreas de fronteira que ultrapassam a divisão disciplinar clássica do conhecimento científico.

Batista e colaboradores (2005), Feuerwerker (2003) e Almeida (2004) têm discutido como áreas de dificuldades para o ensino em saúde: as dicotomias (teoria e prática; saúde e doença; promoção e cura) na formação de novos profissionais; o biologicismo e o hospitalocentrismo na formação em saúde, reduzindo as práticas aos seus aparatos técnicos e tecnológicos; a dimensão ética e a humanista, consideradas em segundo plano; a formação docente frente às mudanças políticas e educacionais, incluindo uma significativa fragilidade no processo de profissionalização docente; a desvinculação dos currículos em relação às necessidades da comunidade e o distanciamento entre os cenários de aprendizagem e assistência.

Importantes desafios no processo de transformação dos cursos superiores na área da saúde são à incorporação da concepção ampliada de saúde, a ênfase na integralidade e no cuidado no processo de formação profissional, bem como a aprendizagem para o trabalho em equipe multiprofissional e a discussão sobre os condicionantes trazidos pelos planos e projetos educacionais e assistenciais. Nessa direção, resgata-se a dimensão política da saúde, explicitada na 8ª Conferência Nacional de Saúde, em 1986: "saúde como resultante das condições de alimentação, habitação, educação, renda, meio ambiente, trabalho, transporte, emprego, lazer, liberdade, acesso e posse da terra e acesso a serviços de saúde".

Esta concepção ampliada é reafirmada no texto da Constituição da República Federativa do Brasil, promulgada em 1988:

> Art.6º. São direitos sociais a educação, a saúde, o trabalho, a moradia, o lazer, a segurança, a previdência social, a proteção à maternidade e à infância, a assistência aos desamparados, na forma desta Constituição.
> Art. 196. A saúde é direito de todos e dever do Estado, garantido mediante políticas sociais e econômicas que visem à redu-

ção do risco de doença e de outros agravos e ao acesso universal e igualitário às ações e serviços para sua promoção, proteção e recuperação.

A Lei nº 8.080, de 19 de setembro de 1990, em que é tratada a implantação do Sistema Único de Saúde, afirma que "os níveis de saúde da população expressam a organização social e econômica do País" e, no Parágrafo Único do artigo 3º, determina:

"Dizem respeito também à saúde as ações que, por força do disposto no artigo anterior, se destinam a garantir às pessoas e à coletividade condições de bem-estar físico, mental e social."

Agregando à dimensão política, Canguilhen (1995) situa um plano epistemológico à concepção de saúde: "A saúde é uma maneira de abordar a existência com uma sensação não apenas de possuidor ou portador, mas também, se necessário, de criador de valor, de instaurador de normas vitais" (p. 163).

Essa ótica de saúde realça o lugar do sujeito que a constrói nas interações que mantém com os outros, com o mundo e consigo mesmo. Abandona a contraposição linear de saúde e doença, reconhece os processos de autoria e de condicionamento histórico-cultural de práticas de vida, inscrevendo "saúde como direito e serviço" (COHN et al., p. 11).

No contexto desta concepção ampliada, têm sido produzidas propostas de formação que buscam, em diferentes níveis, articular ensino-serviço-comunidade, formação-controle social, ensino-realidade, ensino-pesquisa-extensão. Estas propostas trazem em seus bojos expectativas de gerar impactos no modo de concretizar as propostas formativas em saúde, alterando as "rotas" do ensino e da aprendizagem tradicionais centradas nos conteúdos biológicos e na intervenção curativa, trazendo à tona a discussão do aprender como um processo que integra cognição-afeto-cultura, possibilitando o desenvolvimento de uma competência profissional vinculada a uma prática de integralidade na assistência ao indivíduo e à comunidade.

Há, assim, um reconhecimento do esgotamento dos modelos mais conhecidos de formação, indicando-se que demandas, até então neglicenciadas e/ou desvalorizadas, estão a exigir a reconfiguração dos itinerários de formação profissional em saúde, articulando, além da sempre presente tríade ensino-pesquisa e extensão, os espaços de ensino com o âmbito dos serviços e dos condicionantes criados pelas políticas públicas de saúde e educação.

Neste sentido, propostas curriculares que sinalizem novos lugares para professor, aluno e conhecimento, apontando para relações de proximidade e troca com o cotidiano dos serviços, em uma perspectiva do trabalho em saúde como algo que transcenda os fazeres individualizados de cada profissão, têm sido assumidas como potencialmente importantes para a construção de caminhos formativos que lidam com as ciências como elaborações humanas historicamente condicionadas. Projeta-se um profissional de saúde que, não banalizando a formação científica nem abrindo mão dela, possa estar atento às diferenças, aos movimentos de inclusão, ao humano e ao social presentes em todas as suas ações (BATISTA, 2006).

A dialética entre conhecer, aprender e fazer delineia um contexto em que a formação extrapola a dimensão cognitiva, transmissiva e reprodutível:

> Formação traz em si uma intencionalidade que opera tanto nas dimensões subjetivas (caráter, mentalidade) como nas dimensões intersubjetivas, aí incluídos os desdobramentos quanto ao trajeto de constituição no mundo de trabalho (conhecimento profissional). Portanto, não se trata de algo relativo a apenas uma etapa ou fase do desenvolvimento humano, mas sim como algo que percorre, atravessa e constitui a história dos homens como seres sociais, políticos e culturais (BATISTA, 2001, p. 134).

Formação, a partir desse entendimento, envolve, dentre outros, o plano epistemológico e o prático (experiencial) de aprendizagem. No plano epistemológico, identifica-se que aprender articula cognição, afeto e cultura em uma perspectiva histórico-social, trazendo a questão da mediação e da intersubjetividade (VIGOTSKY, 1998). Mediar a aprendizagem do cuidado implica sair da ênfase na doença, da abordagem biologicista das condições de vida e das relações de causalidade linear entre sujeito e objeto. Sair desse espectro possibilita dimensionar uma formação em saúde que se funde nas condições concretas de vida.

Configura-se, assim, a formação como processo na medida em que se questionam opções disciplinares, institucionais e educacionais. Processo que se movimenta em direções múltiplas, conhecendo a contradição, os conflitos, mas também produzindo as possibilidades de negociação, de atribuição de significados. Processo, pois os profissionais vão se formando no decorrer da vida acadêmica, nas interações com os colegas, professores, funcionários, comunidade.

No plano prático (experiencial), a aprendizagem vincula-se à prática e ao cotidiano, evidenciando que o aprender e o fazer apresentam dinâmicas de conexão, complementariedade e atribuição de significados. Nesse âmbito, emerge a formação como projeto: possibilidade de construir novos sentidos para a formação em saúde, procurando configurar espaços de aprendizagem que estejam coadunados com as necessidades e demandas sociais, respondendo aos desafios contemporâneos da ética, da integralidade, do cuidado e da intersetorialidade.

Esta abordagem de formação articula-se com a perspectiva de *rede*: inspirada na compreensão de Mauss (no célebre *Ensaio sobre a dádiva*), o entendimento de rede ancora-se na circulação simbólica, nas interações horizontais, na organização coletiva. Explicita-se, desta maneira, que não apenas se realça a ruptura com projetos formativos centrados na técnica, como também se assume a dimensão sociopolítica que constitui todo e qualquer modo de formar, ensinar, aprender (DE SIMONE, 2004).

A *rede* incorpora constituintes individuais e sociais em uma dialética que se inscreve em dado lugar e tempo. Assim, os movimentos voluntários (busca de parceiros, cenários e ferramentas de formação) e os movimentos institucionais (espaços intencionalmente construídos, fomentados) tecem e re-tecem modos de ser e fazer no campo da formação em saúde.

E nestas redes podem ser melhor compreendidos os desafios que têm marcado a formação em saúde:

- a construção de práticas interdisciplinares que invistam em relações e trânsitos permeáveis entre os áreas disciplinares, configurando movimentos de ir e vir entre campo e núcleo, na perspectiva de Gastão;
- o estudo e a implementação coletiva de enfoques problematizadores na formação em saúde, instaurando uma cultura de cuidado que não seja ancorada na racionalidade técnico-instrumental, mas sim em uma relação de atribuição de significados e na assunção do compromisso ético-político que permeia as práticas de atenção à saúde;
- tomar a prática do trabalho em saúde como eixo estruturante das situações de aprendizagem, nelas privilegiando o trabalho coletivo, a participação do aluno nos processos de aprender e conhecer, os professores como sujeitos mediadores e provocadores de reflexão, busca e análise das informações, a relação de co-autoria com os serviços de saúde e com a população;
- a constituição de um itinerário formativo que articule diferentes conteúdos científicos, abrangendo a análise dos condicionantes políticos e culturais que conformam modos de viver, aprender e trabalhar.

E, dialeticamente, é nestas redes que podem ser produzidas possibilidades no contexto da tríade *saúde, cuidado e formação*: implementar formas de organizar as situações de aprendizagem que privilegiem idéias, ações e projetos inovadores no âmbito de uma proposta que ultrapassa os muros das universidades. Reconhece-se a possibilidade de fazer "cavalos verdes" no ensino na saúde:

> (...) A expressão reta não sonha.
> Não use o traço acostumado.
> O olho vê, a lembrança revê, a imaginação transvê.
> É preciso transver o mundo.
> Isto seja:
> Deus deu a forma. Os artistas desformam.
> É preciso desformar o mundo:
> Tirar da natureza as naturalidades.
> Fazer cavalo verde, por exemplo.
> Agora é só puxar o alarme do silêncio
> que eu saio por aí a desformar (...)
>
> (Manoel de Barros, 1997)

Referências Bibliográficas

BATISTA, N. at alii. O Enfoque Problematizador na Formação de profissionais de Saúde. *Revista de Saúde Pública*. 39 (2), 2005. p. 147-161.

BATISTA, S.H.S.S. Formação. In: FAZENDA, I. *Interdisciplinaridade - Dicionário em Construção*. São Paulo, Cortez, 2001.

BRASIL. MINISTÉRIO DA SAÚDE. *8ª CONFERÊNCIA NACIONAL DE SAÚDE*, 1986. Disponível em www.conselho.saude.gov.br/conferencia. Acesso em: 25 jul. 2005.

BRASIL. MINISTÉRIO DA SAÚDE. *LEI Nº 8080 DE 19 DE SETEMBRO DE 1990*. Disponívem em www.saude.inf.br/legisl/lei8080.htm. Acesso em: 25 jul. 2005.

BRASIL. *CONSTITUIÇÃO DA REPÚBLICA FEDERATIVA DO BRASIL, 1988*. Disponível em www.planalto.gov.br/ccivil. Acesso em: 25 jul. 2005.

BRASIL. Ministério da Educação. *Diretrizes Curriculares Nacionais*. Disponível em:>http:www.mec.gov.br/sesu/diretriz.shtm. Acesso em: 19 set.2005.

CANGULHEN, G. *O Normal e o Patológico*. 4. ed. Rio de Janeiro: Forense Universitária, 1995.

CECCIN, R. Inovação na preparação de profissionais de saúde e a novidade da graduação em saúde coletiva. Disponível em www.opas.org.br/rh/admin/documentos/ceccinRB.pdf. Acesso em: 10 jul. 2005.

DE SIMONE, D. Identitity onthe university profesor is formulated overtime requiring self-discovery followed by being intellectual scholar and teacher. *Education. 2001*. Disponível em www.findarticles.com/p/article. Acesso em: 10 ago. 2006.

FEUERWERKER, L. Educação dos profissionais de saúde hoje – problemas, desafios, perspectivas, e as propostas do Ministério da Saúde. *Revista da ABENO*. São Paulo, 3 (1): 2003. p. 24-27.

GRAFT, R. G. Teaching Excellence and inner life of faculty. *Change*. 2000. Disponível em www.findarticles.com/p/article. Acesso em: 10 ago. 2006.

MINAYO, M. C. S. *O desafio do conhecimento* - pesquisa qualitativa em saúde. São Paulo, Hucitec/Abrasco, 1992.

MUNDY, H. Students or profesionais: identity conflicts in experience-based teacher education. *McGill Journal of Education*. 2001. Disponível em www.findarticles.com/p/article. Acesso em: 10 ago. 2006.

PALMER, P. The heart of a teacher: identity and integrity in teaching. *Teaching and Learning Strategies*. Disponível em www.newhorizons.orgs/estrategies/character/palmer.htm. Acesso em: 10 ago.2006.

RIOS, Therezinha Azeredo. *Compreender e Ensinar*. São Paulo: Cortez, 2001.

SÁ-CHAVES, I. Percursos na formação de adultos – a propósito do modelo de M Lesne. In: SÁ-CHAVES, I. (Org.). *Percursos de Formação e Desenvolvimento Profissional*. Porto/Portugal: Porto Editora, 1997.

Migração, pesquisa biográfica e emancipação social: contributo para a análise dos impactos da pesquisa biográfica junto de migrantes

Elsa Lechner

Introdução

O presente artigo[2] visa a apresentar um quadro de reflexão sobre os efeitos emancipatórios verificados no exercício de biografização de migrantes de várias origens em diferentes contextos e terrenos de análise. A "biografização" consistiu, nestes casos concretos, na produção de relatos biográficos feita pelos migrantes sobre as suas experiências de migração. Verificámos na prática de entrevistas e ateliês biográficos que tais narrativas (orais e escritas) têm um alcance emancipatório baseado em três aspectos principais: a validação dos testemunhos privados para além da etiquetagem ou superfície de discurso; a valorização das experiências dos migrantes frequentemente anuladas por estereótipos e estigmatizações sociais; a co-construção de um novo saber que reconhece, em pé de igualdade, a experiência e sua elaboração teórica.

Este triplo alcance, leva-nos a reflectir sobre a responsabilidade ética e política da abordagem biográfica, uma vez que esta contribui para transformar a percepção de si dos actores sociais, bem como encontrar autonomamente poderes de decisão e novas formas

---

2. Prévia publicação na *Revista Crítica de Ciências Sociais da Universidade de Coimbra* (Vol. 85, 2009).

de participação social. A pesquisa biográfica reveste-se, assim, de uma pertinência pessoal e colectiva que não só pode concorrer para o diálogo intercultural e a construção da coesão social, como pode estabelecer ligações entre diferentes formas de produção de saber: o saber dominante dos académicos que somos nós próprios, e os saberes experienciais dos sujeitos no terreno. Nos contextos de diversidade como são os de e/imigração, tais efeitos requerem uma análise crítica que vá mais além da mera observação distanciada dos "objectos", reconhecendo-lhes a sua dimensão de sujeitos comummente negada até por cientistas sociais dedicados ao estudo das migrações.

Porque existem correntes autónomas das ciências sociais e humanas que fazem investigação biográfica na área da emancipação social, situaremos primeiro a nossa análise num breve resumo sobre o conceito de emancipação e sobre o âmbito científico das chamadas "práticas emancipatórias". Descreveremos depois a nossa experiência de pesquisa biográfica no terreno das migrações. Mostraremos seguidamente o modelo analítico do processo de biografização com as suas implicações teóricas e metodológicas. Finalizaremos pelas perspectivas éticas e sociopolíticas do desenvolvimento das práticas emancipatórias junto de migrantes, comparáveis a medidas que podemos apelidar de *capacitação voluntária*.

Há que deixar claro desde o início que a nossa análise repudia qualquer conotação paternalista ou de "domesticação" dos migrantes. Trata-se aqui de assumir o impacto da abordagem biográfica junto de pessoas que aceitaram falar das suas vidas no contexto de dois projectos de investigação antropológica: um sobre migração, identidade e memória (junto de emigrantes portugueses em França); outro sobre sofrimento e resiliência com utentes da "Consulta do Migrante" em funcionamento no hospital Miguel Bombarda, de julho de 2004 a dezembro de 2007. Uma experiência de ateliê biográfico realizada com os alunos de mestrado em Educação e Contemporaneidade da UNEB (abril de 2006) permite aqui ainda fazer a ponte para a prática de um dispositivo biográfico junto de migrantes eventualmente interessados nesse exercício.

Consideramos que esta proposta tem a pertinência de pensar os exercícios de *"biografização"* dos migrantes como espaços de visibilidade e legitimação dos seus testemunhos. Estes têm um interesse tanto individual como colectivo e fazem com que a investigação produtora de relatos biográficos - frequentemente inaugurais ou longamente silenciados pelos próprios sujeitos e sociedades - se reconheça a si própria como terreno de emergência de identidades, identificações, novas histórias de relações sociais. Tal pensamento faz-se no horizonte não de uma relação distanciada entre investigadora e seus interlocutores, mas de uma consciência política do trabalho de investigação biográfica. É essa consciência que nos leva a imaginar os ateliês biográficos como uma "utopia concreta" capaz de dar um passo em frente relativamente a formas consensuais e assépticas de fazer pesquisa.

Sabemos que nos situamos num terreno minado, subtil, onde o perigo das interpretações explosivas espreita a todo o momento. Mas aceitamos o desafio de não renegar uma análise que, sendo polémica, tenta responder de forma mais directa à encruzilhada entre subjectividades, posições sociais e direitos cívicos no terreno.

Conceito e antecedentes de práticas emancipatórias

O conceito de emancipação significa, no sentido comum, "tornar-se livre de tutela", "libertar-se", "conquistar independência" e remonta ao Direito Romano, onde se aplicava nomeadamente a mulheres e escravos libertos.

Nos seus desenvolvimentos teóricos contemporâneos, inicialmente forjados pelo marxismo e a teoria crítica do século XX, este comporta um elemento de autonomização dos seres humanos que acompanha as transformações geradoras da sociedade moderna. O ser emancipado é, doravante, capaz de se reconhecer e organizar como uma força social (Marx) e tal capacidade é susceptível de ser educada (Horkheimer, Adorno). Mais recentemente, no limiar do novo milénio, são referências mundiais da teoria da emancipação dois autores de língua portuguesa: Paulo Freire e Boaventura de Sousa Santos. Pedagogo brasileiro com larga influência no pensamento social da segunda metade do século XX, Paulo Freire propõe uma ideia de emancipação enraizada em acções humanas tradutoras do direito de existir condignamente, de se exprimir nas suas potencialidades, capacidades e diferenças. A emancipação proposta por Freire pressupõe o respeito pela pessoa, a educação popular e o multiculturalismo. O objectivo da emancipação é saber conviver na diversidade e o meio para tal reside na educação. Para Freire, a emancipação significa a conquista do poder de *pronunciar o mundo,* ou seja, a capacidade de produzir um saber autónomo sobre o mundo, de tornar-se actor ou actriz da sua própria história. Esse poder constrói-se no quotidiano, num processo de constante devir (em casa, na família, no trabalho, na sociedade). Também implica ter uma consciência crítica e a intenção de mudar o estado das coisas (FREIRE, 1963, 1967, 1969).

Para Boaventura de Sousa Santos, que coordenou um projecto internacional sobre a reinvenção da emancipação social (1999-2001),[3] a emancipação no mundo actual passa por uma nova equação entre subjectividade, cidadania e emancipação. Sousa Santos defende um multiculturalismo emancipatório, baseado no reconhecimento da diferença, no direito à diferença, e na coexistência pacífica na diversidade. Segundo este autor, ao mesmo tempo que a hegemonia neo-liberal se expande à escala global, surgem formas de resistência de grupos excluídos e movimentos de aspiração a um

---

3. Este projecto deu origem à publicação de sete livros onde constam os principais resultados obtidos. Os volumes 3 e 6 são os mais directamente relacionados com a questão da emancipação de pessoas e grupos subalternos. Ver Boaventura de Sousa Santos (Org.), *Reconhecer para libertar: os caminhos do cosmopolitismo multicultural* (2003) e *As vozes do mundo* (2008). Seria interessante tomar conhecimento da acção de imigrantes ou de associações de migrantes no mesmo sentido.

mundo melhor, promotores de uma cidadania emancipatória. Esta assenta em iniciativas locais-globais, conectadas em rede e fomentadoras de uma nova justiça social. Como afirma Boaventura Sousa Santos no prefácio ao volume *Reconhecer para libertar: os caminhos do cosmopolitismo multicultural* (2003, 21): uma das preocupações centrais do projecto *Reinventar a emancipação social* foi a renovação das ciências sociais confrontando «o conhecimento que elas produzem com outros conhecimentos (práticos, plebeus, vulgares, tácitos) que, apesar de serem parte integrante das práticas sociais que as ciências sociais analisam, são sempre ignorados por estas.»

Face à precariedade e exclusão de um número crescente de populações, e perante a banalização e normalização das formas contemporâneas de opressão, uma grande variedade de organizações civis luta em todo o mundo na perspectiva de uma transformação social, política e de desenvolvimento de cidadanias activas. Nascem assim, em vários cantos do globo, numerosas experiências de «práticas emancipatórias» inspiradas nas propostas político-educativas de autores - como Freire e Santos - capazes de associar a produção teórica à ideia de co-participação de grupos sociais desiguais. Já não se trata, pois, apenas, de produzir e acumular saber, mas de saber ler o mundo que nos rodeia e do qual somos parte activa, de maneira a agir com consciência na sua (que sempre passa pela nossa própria) transformação.

Múltiplas acções e práticas, analisadas com os respectivos actores em várias culturas e continentes, mostram como a emancipação pode ser uma «utopia concreta» que dá sentido às lutas contra novas formas de dominação e alienação dos mais fracos ou vulneráveis. Algumas dessas práticas têm sido fomentadas pelo «Círculo das pedagogias emancipatórias», criado em França após a morte de Paulo Freire, em 1997. A Unesco tem apoiado tais medidas através do seu programa MOST («Management of Social Transformation») de gestão das transformações sociais. O livro organizado este ano por Françoise Garibay e Michel Séguier sobre práticas de emancipação é um exemplo desta colaboração entre actores e decisores da transformação social. Partindo de uma reflexão sobre o encontro com Paulo Freire e o «Círculo das pedagogias emancipatórias», os vários artigos publicados neste volume apresentam experiências de trabalho concretas, conduzidas em âmbitos geográficos e culturais diferentes, guiadas pelo objectivo da capacitação, participação cívica e acção cultural.

As práticas emancipatórias são práticas pedagógicas «freirianas» que associam a produção colectiva de conhecimentos à análise de experiências específicas vividas (ou sofridas) pelos intervenientes nesse mesmo trabalho. Tais práticas são guiadas por dois objectivos principais: construir em conjunto conhecimentos úteis à acção e reflexão sobre a emancipação a partir de experiências internacionais diversas; e interligar e reforçar redes de práticas pedagógicas, concebendo e concretizando modalidades de diálogo aprofundado entre diferentes categorias de actores - nomeadamente entre universitários e a sociedade civil. Este segundo objectivo comporta ainda a promoção de novas formas de criação, expressão e difusão dos conhecimentos e competências construídas (GARIBAY e SÉGUIER, 2009, p. 58).

Os impulsionadores das práticas pedagógicas emancipatórias são investigadores de várias áreas das ciências sociais e humanas em diferentes países. O seu trabalho faz-se em estreita ligação com os actores no terreno. Por exemplo, habitantes de uma zona rural do nordeste brasileiro, organizados num movimento social de participação na gestão pública local; membros de uma empresa de «inserção pela economia» no Quebeque; grupos indígenas mexicanos; bairro de habitação social em França ou favela do Rio de Janeiro. Todas estas experiências são realizadas em grupo, pelo cruzamento dos saberes e práticas diferentes de cada um (diferentes "categorias" de actor), na desconstrução e reconstrução de posições, estatutos e pontos de vista de partida (modelo da participação/co-construção). O horizonte teórico e prático destas práticas está na construção solidária de um saber útil, concreto, baseado no encadeamento entre necessidade-vontade-saber-poder.

É neste quadro teórico que situamos o dispositivo de "*biografização*" emancipatória dos migrantes aqui apresentado. Ele não nasceu, no nosso trabalho, de um objectivo pedagógico ou político de partida. Antes surgiu como resultado da experiência de investigação antropológica que tenho vindo a desenvolver junto de migrantes de origens diversas em terrenos diferentes.[4] Estes trabalhos caracterizam-se por uma abordagem biográfica das experiências de migração, atenta aos processos de reconfiguração identitária e sofrimento/ resiliência dos migrantes. Porque é necessária uma escuta atenta e curiosa para que as histórias de migração se produzam, a pesquisa universitária constitui um terreno de emergência de relatos nunca antes produzidos. Tal facto obriga a tomar em conta, na análise do nosso objecto de estudo, os sujeitos de diálogo nele implicados. Foi através de um genuíno e solidário interesse pelas histórias dos migrantes que constatámos como a escuta representa o grau zero da emancipação pelo trabalho biográfico. Da mesma forma verificámos como ela é condição necessária para as etapas do processo emancipatório que se lhe seguem, e como os actores aí envolvidos são co-construtores do saber advindo.

A "biografização" como instrumento de reconfiguração identitária e de resiliência dos migrantes

Em ciências sociais, a migração é raramente analisada a partir do ponto de vista dos migrantes. Mais precisamente, os estudos sobre emigração e imigração esquecem com frequência a experiência de mobilidade e de transição que corresponde a uma ruptura

---

4. Trabalho de Doutoramento junto de emigrantes portugueses em França, EHESS, 2003 (FCT, BD/3365/94); pós-doutoramento sobre a "Consulta do Migrante" no Hospital Miguel Bombarda em Lisboa, ICS e CEAS/ISCTE (FCT, BPD/15011/2002 e BPD/26099/2005).

biográfica e a um trabalho de reconstrução das identidades. Quando um estudo etnográfico clássico se dá por terminado neste terreno, o impacto da investigação sobre a vida dos migrantes entrevistados também se perde (um estudo *sobre* difere de um estudo *com* os migrantes). Em contrapartida, neste artigo é proposta uma abordagem que toma em consideração a perspectiva experiencial dos migrantes, bem como o encontro dialógico entre a investigadora e seus interlocutores. Esta postura introduz uma perspectiva relacional, baseada numa metodologia de diálogo capaz de analisar em conjunto com os migrantes os respectivos relatos biográficos e seu efeito emancipatório.

Dois trabalhos desenvolvidos com migrantes de diferentes origens e em dois terrenos diversos, bem como uma experiência de ateliê biográfico realizado com alunos do mestrado em Educação e Contemporaneidade na Universidade Estadual da Bahia,[5] permitiram verificar a produção de três efeitos principais da abordagem biográfica, com pertinência social: 1) a validação dos testemunhos dos migrantes frequentemente anulados por estereótipos e estigmatizações 2) a valorização da experiência vivida e contada, via de acesso para a conscientização das potencialidades dos actores sociais; 3) a co-construção de saber e de novas formas de relação à alteridade.

A validação dos testemunhos corresponde à sua aceitação e reconhecimento "tal qual", oposta a estigmatizações comummente reproduzidas mesmo por quem se propõem trabalhar junto de populações migrantes. Validar significa aceitar como são, sabendo que serão diferentes uma vez criadas as condições para tal. A valorização permite aos migrantes interlocutores tomar consciência do seu poder improvável segundo a sociedade de exclusão. Valorizar traduz-se em fazer mais e reconhecer-se capaz. Passar à acção. A co-construção faz-se entre entrevistador e entrevistado, entre cientistas sociais e sujeitos no terreno.

---

5. Ateliê realizado nos dias 26 e 27 de abril de 2006 com os alunos de mestrado em Educação e Contemporaneidade, da linha de pesquisa biográfica.

A metodologia aplicada consistiu em entrevistas biográficas e na análise de narrativas autobiográficas (orais e escritas). A primeira realizou-se com emigrantes portugueses em França, a segunda com imigrantes em Portugal (oriundos de diferentes países europeus, africanos e da América Latina), pacientes da "Consulta do Migrante", acima referida. Por sua vez, o ateliê biográfico, levado a cabo no Brasil, baseou-se em dois exercícios de escrita autobiográfica partilhada oralmente pelo grupo de alunos:[6] um primeiro texto iniciado com a expressão «Eu nasci...», e um segundo texto sobre uma experiência traumática a escolher por cada um dos participantes.

Tanto no terreno parisiense como na "Consulta do Migrante" em Lisboa, as entrevistas biográficas foram realizadas por minha iniciativa. Após apresentar brevemente o objectivo do estudo e tendo obtido, no caso da consulta, autorização oficial da Direcção do Hospital Miguel Bombarda (no seguimento da avaliação do meu pedido pelo Conselho de Ética), pude entrevistar homens e mulheres, de idades diversas, que aceitaram contar a sua história. Os encontros com os utentes da consulta fizeram-se fora do hospital, com conhecimento da direcção da consulta mas de forma totalmente independente do trabalho da equipa clínica. Há que referir, aliás, que as minhas relações com os membros deste serviço foram sendo pautadas por uma tensão crescente que não desembocou em qualquer diálogo efectivo, apesar das iniciativas tomadas nesse sentido no âmbito do projecto que me havia levado ao terreno da "Consulta": a organização de um ciclo de conferências sobre migração, saúde e diversidade cultural (que deu origem a um livro editado pelo ICS), e um curso de actualização sobre práticas terapêuticas e diversidade cultural (igualmente no ICS). Aos meus olhos, o dispositivo terapêutico proposto pela consulta reproduzia acriticamente um *modus operandi* da psiquiatria médica, longínquo das preocupações básicas da psiquiatria cultural e dos próprios pacientes...

---

6. Pedi autorização aos participantes para citar os textos produzidos no ateliê. Esta foi-me concedida por todos, sem excepção. Os originais foram-me cedidos por quinze alunos.

No caso do ateliê biográfico com os alunos da UNEB, este fez-se no quadro de um convite do coordenador do programa de pós-graduação, professor Elizeu Souza, e com o objectivo de pôr em prática um exercício de "*biografização*" em grupo.[7] Em todos estes casos acolhi os testemunhos que me foram confiados, juntamente com as emoções, estados de espírito, transformações revelados durante a interacção. O alcance deste acolhimento pode confundir-se com uma situação terapêutica, mas esse não foi o propósito de partida, nem do encontro, nem da produção dos relatos em si.

Cada interlocutor estabeleceu os termos do diálogo de acordo com a sua disponibilidade, receptividade, investimento na auto-reflexividade aí envolvida. Também houve casos em que as entrevistas me foram negadas, nomeadamente por dois pacientes da consulta: um jovem paciente africano cujo irmão (com quem vivia, de quem dependia e com quem eu falei) proibiu a entrevista dizendo que o seu caso era muito grave, "neurológico", acarretando uma grande responsabilidade para mim; uma paciente africana refugiada da Guiné, que, apesar da empatia e simpatia manifestadas, preferiu não falar da sua vida "muito triste".

No ateliê biográfico, participou um aluno que se manteve calado - apesar de mostrar uma grande atenção e silencioso interesse – até ao último dia, momento em que finalmente aceitou o meu convite para falar. Aí testemunhou da importância desse encontro na sua vida: "Estar aqui é estar do lado dos vencedores". Embora não tivesse escrito os textos autobiográficos, viveu com intensidade tudo o que se passou. Disse então, comovido, que mesmo só ouvindo os colegas e observando a dinâmica de grupo, encontrou respostas para um problema difícil que estava a enfrentar com a sua filha surda-muda de dois anos. Não sabia como lidar com a

---

7. Fui formada para este tipo de exercício pelas professoras Jeanne-Marie Rugira, Marie-Christine Josso e Christine Delory Momberger, em diversos seminários pontuais em Portugal e França.

diferença da sua bebé e confrontava-se com um sentimento de vergonha e rejeição em relação a ela. Uma das colegas presentes tomou a palavra para dizer que era professora de crianças portadoras dessa deficiência e ofereceu os seus préstimos para ajudar. Este foi um momento muito intenso do ateliê em que todos vivemos o efeito exponencial da partilha, mesmo junto dos que não participaram activamente, de viva voz.

Em todos estes contextos, a minha postura foi a de uma interlocutora atenta, respeitadora, permeável tanto às ideias como às sensações, às palavras como aos silêncios. Esta postura permitiu acolher não só o universo referencial dos migrantes (valores, crenças, representações) mas também os estados em que eram apresentados (alegria, tristeza, ressentimento, confusão). A troca de informações não foi aqui meramente informativa, e a sua análise não se limitou ao tema da performatividade dos testemunhos entendida como estratégia num jogo de poderes entre entrevistadora e entrevistados. Ou seja, não se resumiu a entender os relatos como intencionalidades calculadas. Ousámos entrar no domínio de uma relação que só aconteceu porque o outro lado aceitou a proposta. São os meandros dessa relação dialógica que alimentam, aliás, a postura acima indicada.

Embora todas as narrativas produzidas no ateliê tenham focado a questão da migração, faço neste artigo apenas referência a um dos textos, por mencionar explicitamente a experiência de mobilidade do seu autor como tendo sido formadora de uma nova percepção de si. O trecho que se segue mostra como o relato biográfico do enunciante corresponde a uma auto-consciência dos efeitos da trajectória vivida sobre a sua identidade pessoal, profissional, política, e de género.

Eu nasci na zona rural do Estado do Paraná, sul do Brasil. Sexto filho dos sete que tiveram meu pai, um imigrante baiano domador de burros bravos e uma descendente de italianos que arrancava mandioca a partir das 4 horas da manhã. Aos três

anos tive minha primeira queimadura grave de uma série. [...]
Aos quatro andei de trem pela primeira vez, quando fui morar em São Paulo. (...) Nesta época já ia com meus irmãos recolher alimentos no final da feira. Fazíamos parte das estatísticas dos que estão abaixo da linha da pobreza. Reprovei a 7ª série em História e acabei por me formar em História. Trabalhei como engraxate, sorveteiro, sapateiro (onde inalei cola involuntariamente), metalúrgico, fiz xampu, fogões, Xerox, redator de jornal e alfabetizei adultos, onde me encontrei como professor formador de professores e de adolescentes.

Andei de carona, de trem, de ônibus, e muito a pé... Dormi em praças, estações rodoviárias e ferroviárias, além de muitos hotéis de quinta categoria. Militei em movimento estudantil secundarista, universitário e em sindicatos classistas de metalúrgicos e professores. Uma vez recebi uma proposta para trabalhar na campanha de Maluf para ganhar muito dinheiro e recusei por ideologia (jamais me arrependi).
[...]
Certa vez migrante recém-chegado em Três Lagoas do Mato Grosso do Sul, sem conhecer ninguém, entrei numa passeata só de mulheres do dia 8 de Março e fiz amizades, arrumei emprego e moradia em menos de quinze minutos. Acredito na beleza da vida e na grandeza das pessoas (GERSON DO CARMO ARGOLO, Salvador, 27/4/2006).

A leitura em grupo de cada um dos textos consistiu num segundo momento de consciencialização. Desta feita, foi o eco das observações e sugestões dos colegas que potenciou uma compreensão mais vasta dos percursos e vivências de cada um. A pertinência e interesse da partilha dos relatos autobiográficos residem neste efeito exponencial de compreensão e atribuição de sentido. Disso mesmo falaremos mais adiante, na apresentação do dispositivo emancipatório que nos ocupa.

Também quanto às narrativas escritas a que tive acesso junto dos migrantes entrevistados em França, apenas citarei aqui um só caso. Trata-se de um interlocutor que deu início à escrita da sua história de vida na sequência das nossas entrevistas.[8] Este emigrante português em Paris já havia escrito romances, poemas e dossiers autobiográficos recheados de documentos e fotografias que sempre levava para as nossas entrevistas. Estas realizaram-se ao longo de vários anos, deram lugar a dezenas de cassetes gravadas e milhares de folhas de papel autobiográficas. Ainda hoje estamos em contacto, e ainda no presente (embora mais ocasionalmente) recebo dossiers biográficos deste transmontano nascido em 1935. As conversas com António Cravo[9] revelaram ser o que chamo de «diálogos de vida» (LECHNER, 2007), no sentido de diálogos que, ao versarem sobre a sua trajectória biográfica, criaram a oportunidade de resgatar o sentido de uma vida marcada pela ruptura. Tais diálogos não ignoram os silêncios voluntários e involuntários na interacção. Apesar de serem conversas inaugurais de uma atribuição de sentido procurada pelos meus interlocutores, sempre comportam também histórias que se não podem contar, que são difíceis de ouvir, ou que - uma vez transgressoras de uma qualquer interdição política ou moral -, desafiam os estatutos de quem diz e de quem ouve. Isto mesmo aconteceu com Cravo, a propósito de um dos seus dossiers biográficos que levou para a entrevista mas que não abriu, dizendo: "Este não lhe posso mostrar". Tratava-se do dossier intitulado "O processo", referente à sua fuga de Portugal em 1974, ao seu trabalho como administrativo da Presidência da República durante o regime pré-democrático, e à sua indemnização pelo Estado Português nos anos 1980. Recentemente tive a oportunidade de falar

---

8. Caso desenvolvido na minha tese de doutoramento "Enfants de l'eau: la reconstruction de l'identité en situation d'émigration. Le cas des Transmontanos en région parisienne» (EHESS, Paris 2003).
9. Pseudónimo de Jaime António Gonçalves, que estou autorizada a citar.

deste assunto com o meu interlocutor. Por iniciativa própria, Cravo disse-me que "esse tema é um hiato nas nossas conversas". Ao que eu respondi com uma provocação perguntado por quê. "Choca-me muito", repostou. "Não me arrependo de nada do que fiz mas acho tudo muito chocante." Visivelmente perturbado com a sua "revelação" (que já não o era para mim desde o início), este depoimento dá que pensar nos limites ultrapassáveis dos diálogos, apesar das interdições (não apenas nas barreiras inultrapassáveis entre pessoas). Em 1997 Cravo levou o dossier para a nossa entrevista sem o abrir. Em 2009, abriu o dossier sem o levar. Num momento como no outro pude adivinhar o que lhe era impossível contar. Mas fiquei-me por aí. Por que razão teria eu de defender uma qualquer posição face ao depoimento do meu interlocutor? São os cientistas sociais e académicos supostos vestir a pele de juízes da história? Mais importante é reconhecer (sem receio) que se pode ser capaz de tocar o intocável sem vitimizar uns ou diabolizar outros. É este igualmente um dos desafios da pesquisa biográfica sempre profundamente contextualizada nos tempos da memória e da história.

 O caso de António Cravo reveste-se da particularidade de acumular a experiência de migração ao facto de ser um «Zorro», ou filho ilegítimo (como se diz em Trás-os-Montes), e de ser um presumível descendente de judeus convertidos, nascido em plena vigência do excludente slogan salazarista «Deus, Pátria, Família». Por estas três razões, Cravo diz sentir-se um bastardo ao cubo: registado como "indigente" ao nascimento; inadequado ao modelo nacional do regime político da época e, mais tarde, migrante forçado a deixar o país.

 Foi no exercício de revisitação da sua trajectória biográfica, bem como na escrita das suas experiências de migrante, que este homem construiu um equilíbrio (após uma fase de desorientação existencial) consciente do peso do contexto social e político no seu percurso de vida, primeiro, e depois, na possibilidade de conquistar uma nova percepção de si.

Num texto intitulado «No equilíbrio do vai e vem»[10], ele diz:

[...] Com o progresso político do seu país [Cravo fala na terceira pessoa], ele pode adquirir um novo estatuto de cidadania no seu país de acolhimento. [...] Deixou assim para trás o seu estatuto de emigrante, pelo menos no princípio e no direito que atravessam as fronteiras dos quinze. Agora sente-se um homem universal. Nesta universalidade e na sua especificidade comunitária, encontra-se confortável entre dois homens, num só homem. No equilíbrio deste pêndulo, e pela força do tempo, descobriu, finalmente, um novo equilíbrio nesta nova forma de viver num vai e vem sem renegar as suas raízes e tendo um sentimento de gratidão para com o país que o acolheu.

Cravo fez a experiência de biografização após a ruptura vivida na emigração, mesmo antes da minha proposta nas entrevistas, motivado pelo sentimento de perda das raízes e pela experiência de exclusão em França. Os seus sentimentos de perda, de ter sido traído pela vida, de exílio interior, de marginalização, acompanharam o desenvolvimento de uma nova imagem do mundo e de si como pessoa, como português, como cidadão. Na situação de migração, tal experiência corresponde muitas vezes a um estranhamento de si, comummente sentido pelos migrantes tanto em relação ao país de origem, como ao de imigração. Na experiência deste vazio, Cravo revisitou a sua história pessoal dando início a um processo de produção de sentido para o sofrimento que sentiu. A experiência da perda de referenciais simbólicos, linguísticos e culturais, foi por ele vivida como uma oportunidade de recuperação substancial da sua história pessoal, mas também de reinvenção de uma identidade de português e de transmontano em França. E nesse movimento propriamente contra-melancólico, Cravo iniciou uma procura de afirmação da sua identidade de cidadão no mundo. Ele diz mesmo ser

---

10. Cravo in *No equilíbrio do vai e vem - Dossier autobiográfico*, Paris, 2000

um imigrante português diferente dos outros, mas que assume a sua identidade de imigrante português em França:

> Podemos ser portugueses em França e não trabalhar nas obras. Sinto-me um imigrante e escrevo em nome do imigrante. E afirmo a minha identidade de imigrante porque vejo a nossa comunidade seguir dois caminhos paralelos divergentes. De um lado o imigrante que avança lentamente, que sobe a montanha pouco a pouco –, e o nosso país não é capaz de reconhecer a distância percorrida entre o pé e o topo da montanha. Do outro, um grupo de portugueses em França que olham de longe o caminho da comunidade portuguesa, que se servem dela para ganhar o pão mas que têm vergonha de se misturar a eles... vergonha! São dois caminhos que não se cruzam.[11]

Com o seu trabalho autobiográfico, Cravo procura atingir um triplo objectivo: «Preservar a memória, tomar consciência das nossas capacidades individuais e colectivas, e acabar com uma certa ideia do emigrante». Ao escrever a sua história de vida, quer garantir a transmissão da cultura que herdou e, ao mesmo tempo, contribuir para novas maneiras de ser português e transmontano. Como pano de fundo dessa construção escolhe os três níveis - local, nacional e internacional - da sua pertença identitária. Para tal, sugere a promoção da cultura e da língua portuguesa no seio das comunidades migrantes e o intercâmbio com Portugal. Cravo sublinha igualmente a importância de «conjugar esforços entre os residentes em Portugal e os emigrantes do presente e do futuro, os luso-descendentes». Procura ainda construir esta forma de ser português, a partir da realidade quotidiana da sua vida de homem de trabalho, « [...] jamais indiferente às dificuldades, à luta corajosa e ao sofrimento (tantas vezes esquecido) dos nossos concidadãos.»[12]

---

11. Cravo in *No equilíbrio do vai e vem*, Paris, 2000.
12. Cit. de António Cravo, em entrevista à autora, realizada em 1998.

Guerras, pobreza, violência, as partidas, fugas ou exílios, as viagens e desembarques mais ou menos traumáticos, os naufrágios, bem como os laços cortados com a família, com a língua materna, são cenários de vivência experimentados por muitos migrantes. Tais experiências podem chegar a dissolver a vontade de viver, para alguns, ou podem estilhaçar as existências, criando verdadeiros estaleiros biográficos e identitários que exigem um herculeano trabalho de reconstrução. O caso de Cravo é um exemplo desse esforço. A produção de um novo discurso sobre si e sobre o mundo, ou a passagem do silêncio à palavra articulada, acompanha o processo de resiliência que reconstrói os sujeitos. Este pode traduzir-se na simples resistência às condições opressivas, na ultrapassagem das dificuldades ou numa verdadeira emancipação. Para que esta última aconteça, é imprescindível uma relação de confiança com um interlocutor respeitador que permita a realização dos diálogos de vida. Ou seja, uma relação instauradora da possibilidade de resgatar o sentido das rupturas biográficas e experiências vividas.

Modelo analítico do processo de "biografização" aplicável na área das migrações

Tanto no terreno parisiense como na «Consulta do Migrante» em Lisboa, o protocolo de entrevista utilizado foi o mesmo: uma conversa informal e livre, nos locais escolhidos pelos meus interlocutores, sobre os seus percursos biográficos a partir da questão da migração. Acompanhando o fluxo das conversas e respectivos desvios imprevistos, estas entrevistas guardaram um eixo comum composto de sub-temas relevantes para compreender as trajectórias de migração: família e local de origem, infância, escolaridade (ou não), projectos, trabalho, uniões (ou não), decisão de migrar, experiência de emigração, imigração, contacto com uma nova língua, cultura, contexto social, habitação, trabalho, saúde, percepção dos outros, de si próprio como migrante, condições de vida presente, planos para o futuro.

No trabalho específico com os pacientes da «consulta do migrante», este eixo procurou igualmente visitar os motivos do pedido de ajuda psicológica, os rostos do mal-estar sentido, a escolha deste serviço específico (na maior parte dos casos não se tratou de uma escolha mas de um encaminhamento proporcionado por serviços de informação aos migrantes ou serviços religiosos). As entrevistas realizaram-se fora do hospital, mas também tive a oportunidade de participar em algumas consultas com pacientes cuja biografia e experiência migratória muito contribuem para compreender as suas aflições.

A relação que permite instaurar o dispositivo emancipatório dos migrantes pelo estudo biográfico traduz-se num encontro bem-sucedido entre os universos simbólicos diferentes dos migrantes e pesquisadores. Ela constrói-se segundo uma lógica não da tolerância (que não faz senão sublinhar uma desigualdade de partida entre as pessoas), mas sobre a base de uma abertura, de uma curiosidade, do respeito. Constrói-se ainda sobre o pressuposto que todos são co-construtores da sociedade e da coesão. Quando acontece, a relação instauradora transforma os sujeitos ao mesmo tempo que os torna mais conscientes do seu potencial, poder, e papel na vida colectiva.

Este é um aspecto que apresenta nuances a analisar no que diz respeito às diferentes posições de saber e poder dos actores envolvidos. Apesar dos estatutos diferentes dos diversos intervenientes, temos a experiência de ver as fronteiras fundirem-se por momentos em brechas de liberdade face aos lugares sociais ocupados "lá fora" por cada um. De facto, nestes encontros, surgem epifenómenos conversacionais que quebram certezas e representações petrificantes das identidades. À partida, os sujeitos, mesmo os motivados para a compreensão de si e dos seus itinerários biográficos, encontram-se com frequência presos a histórias e papéis que *os designam*. Como se fossem objectos, as pessoas são *ditas e ditadas* por discursos pré-fabricados. Segundo André Vidricaire (2009, p. 91), especialista das práticas emancipatórias pela narrativa biográfica: «... antes mesmo de tomarem a palavra para falarem de si, para se descobrirem e se revelarem, todos [...] estão já ditos por histórias que se lhes colam à pele». O sujeito adquire formas (nas narrativas) que traduzem representações da individualidade humana próprias a cada época histórica e domínio cultural, bem como a diferentes concepções do espaço público e privado, da relação entre os indivíduos, o social e o político, da relação do Homem a si próprio (DELORY-MOMBERGER, 2004, p. 73).

Pelo contrário, nos exercícios de "*biografização*" (seja nas entrevistas face a face ou nos ateliês), surgem as condições de possibilidade de confrontar tais discursos pré-fabricados, herdados, adoptados acriticamente pelos sujeitos. Com esta abertura, surge uma outra: o vislumbrar de novas identificações, logo, de novas percepções de si e dos outros. Na situação "extra-quotidiana" do relato biográfico voluntário dos migrantes, produz-se igualmente uma abertura face a formas institucionalizadas de investigação sobre migração. Não penso que a iniciativa de o fazer sirva apenas estratégias políticas e interesses calculados dos migrantes. Nos contextos de trabalho em que encontrei pessoas disponíveis para falar de seus percursos biográficos, o que as motivou a aceitar o pedido e, depois, a falar de si, foi manifestamente uma grande solidão e desencontro com instâncias públicas como o serviço da "Consulta do Migrante". Esperanza[13], uma das pacientes que entrevistei, disse-me mesmo: "Agora que estou a falar contigo sobre isto, sobre o meu país, a minha família, a minha vida lá, entendo melhor tudo o que me aconteceu" (entrevista).

Eis como se processa o trabalho em grupo com os migrantes: este pode reunir pessoas de diferentes origens, diferentes idades, homens e mulheres simultaneamente.[14] O trabalho ganha tempo em ser feito numa só língua, supostamente a do país de imigração, mas

---
13. Nome fictício.
14. A questão do género não é aqui tomada em conta.

pode realizar-se também com a ajuda de tradutores, se as condições necessárias para tal se reunirem.

De forma análoga aos «ateliês biográficos de projecto» (DE-LORY-MOMBERGER, 2006), os ateliês biográficos com migrantes fazem-se no quadro de um trabalho intensivo de um, dois ou três dias, em que os relatos individuais são objecto de uma exploração e socialização. Estes implicam exercícios de escrita de si e de compreensão do outro. Limitamo-nos aqui ao trabalho escrito e oral, mas podemos considerar também ateliês de outro tipo, nomeadamente os que fazem recurso à percepção corporal.

Após a apresentação do «programa» e do «contrato» do ateliê, os participantes são convidados a escrever um pequeno texto autobiográfico que pode incidir sobre diferentes temas e etapas das suas trajectórias de migração. Num momento seguinte, e depois de estabelecer uma regra de escuta atenta, respeitadora e sem julgamentos, cada um lê o seu texto em voz alta, na ordem de disponibilidade que o seu à vontade lhe oferece. Aqueles que escutam devem anotar as impressões, ideias, sensações, comentários que a leitura do colega lhes sugere, para depois os expôr ao grupo. Pode ainda ser feito um exercício suplementar de segunda leitura. Este serve para fazer a experiência de «processo» na compreensão dos relatos e na partilha: a forma como se lê e ouve aquilo que foi escrito não é a mesma no primeiro e no segundo momentos.

À imagem da «arbre à palabre» africana, cada participante oferece a sua percepção sobre os relatos lidos, o que produz um efeito exponencial de consciencialização (pelo questionar e relativizar da experiência de cada um), formação (aprendem uns com os outros) e transformação de si (descoberta de novas possibilidades, horizontes, da capacidade criativa de se "inventar" a si próprio). O clima de respeito no qual os comentários são feitos, bem como a confrontação com experiências diferentes, permeabiliza os sujeitos. Todos verificam como as experiências (mesmo as mais míticas ou fundadoras de identidades julgadas fixas) são "filtradas" por representações nascidas nos contextos de vivência.

Esta é a implicação teórica de maior relevo das abordagens biográficas. O exercício de "*biografização*" faz saltar estereótipos incorporados, libertando os sujeitos para novas possibilidades de acção e afirmação social. Disso mesmo dá conta a corrente das histórias de vida em formação, cujo pioneiro foi Gaston Pineau nos anos 1980. Os pressupostos teóricos que inspiram as *démarches* de formação pelas histórias de vida assentam, por um lado, na experiência que o sujeito faz de si através da produção do seu relato e, por outro lado, na dimensão de projecto constitutiva da história de vida. Neste sentido, Pineau considera que as histórias de vida são «artes formadoras da existência» ou seja, elas formam transformando ao mesmo tempo que transformam formando os sujeitos que se contam (PINEAU, 1996[2006]).

A nossa experiência de trabalho com os migrantes mostra como as várias técnicas do método biográfico são também uma arte de invenção de novas formas de alteridade no diálogo com outrem. Ao ser feito num clima de confiança, este parece inventar a parte de originalidade do encontro e permitem acolher a imprevisibilidade resultante do face-a-face entre pessoas de mundos sociais e culturais diferentes. Tal acontecimento só pode ocorrer quando a escuta e a enunciação se libertam de posições hegemónicas rígidas ou dogmáticas. Quer dizer, quando o encontro também é entendido como potencialmente formador e transformador. Caso contrário, não há sequer encontro.

Este facto não é de somenos importância para ninguém, e muito menos para pessoas pertencentes a grupos vulneráveis ou marginalizados, como é o caso de muitos migrantes. E se a época em que vivemos permite, em determinados contextos sociais, fazer a experiência de um «eu» mais autonomizado - ou, em qualquer caso, mais consciente da capacidade de «trabalhar» a sua identidade/sua existência -, talvez estejamos a tornar-nos espectadores da nossa própria capacitação (individual e colectiva) para transformar as nossas vidas num sentido construtor de novas coexistências na diversidade.

Os cenários históricos, sociais e culturais estarão sempre aí para os humanos como um oceano está para os peixes do mar. Mas à escala dos indivíduos, a existência humana torna-se passível de diversas «aclimatações». E justamente porque no universo humano, natureza e cultura estão intimamente relacionadas, as vidas dos indivíduos não são nunca apenas puras versões pré-determinadas pelos contextos «exteriores»: contextos «interiores» também condicionam as formas de vida humana. No entanto, tal evidência é mais fácil de aceitar quando as sociedades são capazes de pensar o peso dos contextos exteriores sobre as interioridades. Ou, dito de outro modo, quando as subjectividades são capazes de falar e se fazer ouvir.

O interesse e a escuta que podemos manifestar face aos interlocutores migrantes despertam ângulos mortos na compreensão dos seus percursos relatados. Os relatos, por sua vez, fazem descolar as velhas histórias que se lhes colam à pele. Claro está, estas não traduzem apenas identidades cristalizadas que petrificam os sujeitos, mas são também a marca e o reservatório de várias opressões. A velha pele descolada é o rasto de relações históricas de dominação entre grupos e países desiguais. Sem eufemismos, na história da Europa, a opressão sempre se fez pelos brancos sobre os outros! (BENEDUCE, 2009). E ainda no presente do «velho continente», o encontro com os migrantes originários de ex-colónias reactualiza estas relações de dominação. Assim, trazer luz sobre os recantos escondidos de cada uma destas vidas significa tocar antigas feridas históricas carregadas pelos indivíduos e as sociedades.

Neste sentido, os diálogos de vida libertam tanto em nível pessoal como social. Os migrantes podem tornar-se autores e actores de novas formas de se dizer, de viver, e de participar na vida colectiva, mas também podem tornar-se autores e actores de novas formas de coexistência entre grupos pertencentes a lados opostos das barricadas do passado. Esta é uma versão colectiva da resiliência passível de aproximar pessoas e grupos diferentes, por vezes partilhando histórias de conflito.

A partilha de experiências cria novos universos de pertença, de identificação; cria formas de participação reconhecidas entre pares e pela sociedade em geral. E a nova percepção de si e dos trajectos vividos transforma-se em resiliência e capacitação. Da posição de "vítimas" (ou *aliens*, segundo a denominação oficial dos EUA), os migrantes podem passar a ganhar o reconhecimento necessário para se tornarem cidadãos plenos no país de imigração. É através deste triplo efeito de consciencialização-capacitação-participação que a relação de diálogo emancipa. E aí se produz a coesão social. Neste sentido, as histórias individuais formadas e transformadas pelos diálogos de vida são também histórias de novas relações e laços sociais.

Este trabalho de grupo produz ainda resultados individuais e colectivos a partilhar também com o público em geral. Nomeadamente através da publicação dos textos autobiográficos redigidos, acompanhados de uma apresentação do procedimento metodológico adoptado e de uma análise teórica adequada aos objectivos específicos de cada ateliê. Os resultados partilhados permitem dar a conhecer as experiências concretas dos migrantes (e não presumidas, julgadas ou idealizadas), e das relações entre estes e o país de acolhimento, bem como entre os países de emigração e imigração dos seus autores.

Perspectivas éticas e sociopolíticas das práticas de "*biografização*" junto de migrantes

Em consequência das abismais assimetrias socioeconómicas entre ricos e pobres, e também graças às facilidades de comunicação actuais, as migrações internacionais mobilizam hoje mais de 200 milhões de pessoas fora do país que as viu nascer. Vista a dimensão planetária do fenómeno das migrações e dados os seus problemas políticos, culturais e éticos, impõe-se a premente necessidade de procurar soluções onde elas se encontram.

É nesta perspectiva que se tornam pertinentes os estudos e trabalhos de investigação que visam a contribuir directamente para a participação dos migrantes mediante um melhor conhecimento das suas necessidades e das suas potencialidades, tanto em proveito próprio, como para a colectividade.

Para tal, há que reconhecer o peso político das biografias de migrantes. É evidente que as histórias de migração têm um papel a desempenhar na compreensão da vida política e moral das nossas sociedades. Tal como afirma Kenneth Plummer no contexto dos testemunhos privados que estudou:

> «As histórias que contamos sobre as nossas vidas estão profundamente implicadas na mudança moral e política, e as narrativas cambiantes do eu ou da identidade carregam um potencial de transformação radical da ordem social. As histórias contribuem para mudar vidas, comunidades, culturas. Estas mudanças são sinais de um novo modelo político emergente [...] Tal política surge sob formas diferentes, com várias - frequentemente contraditórias - denominações: política da diferença, pluralismo radical, comunitarismo, novo liberalismo, politica cultural, vida política. Resumindo, está a ocorrer uma radical, plural, democrática, contingente, participativa, politica de escolha de vida e das diferenças.» (PLUMMER, 2003, p. 38) (minha tradução).[15]

---

15. The stories we tell of our lives are deeply implicated in moral and political change and the shifting tales of self and identity carry potential for a radical transformation of the social order. Stories work their way into changing lives, communities and cultures. Such changes are signs of a new pattern of politics emerging. [...] This new politics comes in a plethora of forms and labels, moving under various, often contradictory, names: a politics of difference, radical pluralism, communitarism, a new liberalism, cultural politics, life politics. In short, a radical, pluralistic, democratic, contingent, participatory politics of human life choices and difference is in the making.

As práticas emancipatórias junto de migrantes permitem conhecer *com* os próprios - e não à distância, de forma asséptica - o potencial de mudança citado. Os relatos de migração reflectem, interpretam e constituem as suas realidades sociais. Através deste dispositivo, os sujeitos produzem «mapas narrativos do mundo social» (MELVIN POLLNER, 1996) que produzem novas subjectividades e relações sociais, logo, que merecem ser tomadas em conta pelos analistas sociais e instâncias políticas.

Existe também uma dimensão histórica importante no trabalho biográfico com migrantes. Trata-se de um lugar de re-visitação dos traumatismos. Entendidos como experiência vivida e como tentativa de compreensão de algo que se torna presente de forma enigmática (em sonhos nocturnos, aflições, repetições neuróticas, pânico ou medos), os traumas revisitados indicam a possibilidade de fazer uma história que não é apenas referencial (baseada sobre modelos conhecidos), mas que se ressitua na compreensão do incompreensível (CARUTH, 1996, p. 11). Isto significa que a possibilidade de uma história re-situada exige um trabalho de luto individual e colectivo. E a análise social pode contribuir para isso tanto quanto o podem os encontros terapêuticos interculturais. Veja-se, a este propósito, o trabalho teórico e prático de terapeutas culturais e antropólogos da saúde, como Marie-Rose Moro, Roberto Beneduce, Sushrut Jadhav (in LECHNER, 2009).

O quadro de uma entrevista biográfica ou de um ateliê de escrita autobiográfica é, pois, um lugar de *testemunho* das existências num sentido histórico. Os migrantes tomam consciência dos conflitos mais vastos que atravessam as suas vidas: as desigualdades sociais entre os diferentes grupos sociais no país de origem; a influência do clima político na decisão de partir; questões de género e de cultura tal como o estatuto das mulheres, ou a não-aceitação de um destino tradicional submetido às convenções sobre o casamento e a família, por exemplo. Desta forma, o testemunho ressituado é, simultaneamente, uma possibilidade de enunciação, de consciencialização e de tomada de decisão ou acção cívica.

No terreno, e independentemente dos contextos específicos de investigação – se é uma associação, um serviço terapêutico, um bairro ou um ateliê biográfico -, o dispositivo biográfico transforma-se rapidamente numa epistemologia. Ele convida-nos a sermos permeáveis a um saber que emerge dos relatos e do encontro entre o investigador(a) e os seus interlocutores e que é capaz de contradizer certezas e ideias feitas sobre procedimentos teóricos e metodológicos institucionalizados.

A relevância deste saber é tanto maior quando se sabe que este encontro mais "autêntico" entre pesquisadores e "pesquisados" constrói pontes de contacto onde normalmente encontramos conflito e discriminação. Sabemos como, uma vez chegados ao país de acolhimento, após a odisseia das partidas e das viagens, os migrantes fazem percursos marcados por experiências de incompreensão, de desigualdade, injustiça, pobreza, exploração no trabalho, exclusão, racismo. Tais experiências são guardadas, na maioria das vezes, em silêncio, na solidão. Por isso, os migrantes que encontram a possibilidade de contar as suas histórias perante um ouvinte atento e interessado encontram uma oportunidade de libertação. E o facto de ser um/a universitário/a a interessar-se pelas suas vidas, aumenta ainda essa sensação. Como a já citada paciente da "Consulta do Migrante" escreveu num correio electrónico que me enviou (em resposta ao meu pedido de autorização para citar o seu caso): «Talvez uma análise da diferença de culturas possa contribuir para explicar o que estou a passar. Gostaria que as pessoas soubessem que não são sempre os imigrantes a tirar vantagem das situações. Podemos tornar-nos objecto de muitos preconceitos e perseguições quase paranóicas, como acho que é o meu caso.»[16] Esperanza encontrava-se em pleno processo de divórcio litigioso, acusada pelo seu marido, de ter casado para obter a nacionalidade portuguesa.

De um ponto de vista sociopolítico, o trabalho biográfico com migrantes traduz-se numa capacitação que podemos incluir

---

16. Email, fevereiro de 2007

nas medidas de *empowerment* humano. Este termo cobre um vasto campo de significados e disciplinas que vão da filosofia e psicologia à indústria de auto-ajuda. No domínio da acção social, consiste em dar às pessoas o poder, a liberdade e a informação que lhes permitem tomar decisões e participar activamente na colectividade. Os princípios do *empowerment* assentam na responsabilização e confiança dos actores sociais; na motivação pelo reconhecimento da acção/desempenho; no desenvolvimento contínuo de capacidades e aptidões; na promoção da liderança de todos (Ensaios CAIS, 2008).

A capacitação dá poder aos excluídos, competência aos desmunidos, motivação para a participação. Capacitar para participar significa reconhecer todos como indispensáveis, prevenindo a exclusão. Quando esta última já está instalada, como no caso de muitos migrantes, capacitar implica "praticar-se si mesmo" no horizonte de uma existência digna e exercício de plena cidadania.

Na medida em que as práticas de *"biografização"* podem surtir este efeito de *empowerment*, devem ser desenvolvidas, aperfeiçoadas e aplicadas no âmbito de uma estreita colaboração entre universitários e associações no terreno. Elas são pois aqui entendidas como lugares de produção histórica de um saber que, para além de poder, é também feito de solidariedades.

Conclusão

Neste artigo procurámos apresentar um dispositivo emancipatório dos migrantes assente em práticas de *"biografização"*. Para tal, procedemos a uma breve definição do conceito de emancipação e contextualização científica das práticas emancipatórias. A reflexão proposta partiu da nossa experiência de trabalho junto de migrantes de origens diversas em diferentes contextos geográficos, que aceitaram contar-nos a sua história. O efeito emancipador das narrações auto-biográficas produzidas é aqui balizado pela corrente teórica das "histórias de vida em formação" e por uma metodologia dialógica que reconhece os interlocutores como co-construtores de um saber útil à comunidade.

Na análise dos efeitos emancipatórios da *"biografização"* pomos em relevo o seu poder libertador e estruturante: contar a sua vida é mais do que reviver o passado, é também e sobretudo o ponto de partida para organizar o presente e planear o futuro despindo a pele de antigas identidades e opressões.

Em razão de tais efeitos, esta abordagem apresenta uma relevância ética e sociopolítica capaz de aproximar os sujeitos de si próprios, de construir pontes na diversidade, inventar o diálogo intercultural e de contribuir para a participação cívica de todos.

Tal relevância põe em evidência o papel das ciências sociais na criação de dispositivos de reflexão-acção contributivos para o diálogo intercultural. Este não é apanágio das plataformas de análise dos investigadores. É também osso do ofício do trabalho de investigação. Nesse sentido, julgamos poder contribuir com o presente texto sugerindo uma aproximação entre pesquisadores e migrantes no terreno através da abordagem biográfica.

Referências bibliográficas

BANCEL, Nicolas e BLANCHARD, Pascal. De l'indigène à l'immigré. Paris: Gallimard, 1998.

BENEDUCE, Roberto. "Etnopsiquiatria e migração: a produção histórica e cultural do sofrimento". In: Elsa Lechner (Org.). *Migração, saúde e diversidade cultural*. Lisboa: ICS, 2009.

CARUTH, Cathy. *Unclaimed Experience*: trauma, narrative and history. Baltimore: John Hopkins Press, 1996.

CRAVO, António. *No equilíbrio do vai e vem. Dossier autobiográfico*. Paris, 2000. (Não editado).

DELORY-MOMBERGER, Christine. *Les Histoires de Vie:* de l'invention de soi au projet de formation. Paris: Anthropos, 2. éd. 2004.

_____. «Les ateliers biographiques de projet». In: *Educação e Pesquisa,* v. 32(2). São Paulo, 2006.

Ensaios CAIS. *Empowerment:* capacitar para participar. Lisboa: Padrões Culturais, 2008.

FREIRE, Paulo. Alfabetização e conscientização. Porto Alegre: Editora Emma, 1963.

_____. *Educação como prática da liberdade.* Rio de Janeiro: Paz e Terra, 1967.

_____. *Pedagogia do oprimido.* Rio de Janeiro: Paz e Terra, 1969.

GARIBAY, Françoise e SÉGUIER, Michel. *Pratiques émancipatrices:* actualités de Paulo Freire. Paris: Éditions Syllepse, 2009.

LECHNER, Elsa, Enfants de l'eau: la reconstruction de l'identité en situation d'émigration. Le cas des *Transmontanos* en région parisienne. 2003. Tese (Doutoramento EHESS) - Paris.

_____. «Diálogos de vida: a pesquisa biográfica no estudo da imigração». Comunicação apresentada no Simpósio Internacional *Historias de vida: novos desafios teóricos e práticos. ISCTE.* Lisboa, 12 de Junho,2007.

_____. «Parcours migratoires et mobilité biographique comme éducation de Soi». In: DELORY-MOMBERGER Christine et SOUZA Elizeu Clementino de (Org.). *Parcours de vie, apprentissage biographique et formation.* Paris: Téraèdre, 2008.

_____. (Org.) *Migração, saúde e diversidade cultural.* Lisboa: ICS, 2009.

PINEAU, Gaston. «Les histoires de vie comme art formateur de l'existence». In: *Pratiques de formation,* nº 31, 1996. p. 65-80.

PINEAU, Gaston «As histórias de vida como artes formadoras da existência», in Elizeu Souza e Maria Helena Abrahão (Org.) *Tempos, narrativas e ficções: a invenção de si.* Porto Alegre: Edipucrs. (2006),

PLUMMER, Kenneth «Intimate citizenship and the culture of sexual story telling». In: WEEKS, Jeffrey; HOLLAND, Janet; WAITES, Matthew (Org.). *Sexualites and society.* A reader. Cambridge: Polity Press. (2003),

POLLNER, Melvin. «Narrative mapping of social worlds». In: *Symbolic Interaction*, 19(3): 1996. p. 203-223.

BOAVENTURA, Sousa Santos. (Org.). Reconhecer para libertar: os caminhos do cosmopolitismo multicultural. *Reinventar a emancipação social*. v. 3. Rio de Janeiro: Civilização Brasileira, 2003.

_____. (Org.) As vozes do mundo. *Reinventar a emancipação social*. v. 6. Porto: Afrontamento. (2008),

VIDRICAIRE, André. «Production collective d'un savoir émancipateur, D-Trois-Pierres (Montréal, Canada)». In: GARIBAY, Françoise et SÉGUIER, Michel (Org.). *Pratiques émancipatrices:* actualités de Paulo Freire. Paris: Syllepse, 2009.

CORPOS EM MOVIMENTO
NO *HIP HOP* E *DEVIR* JOVEM

Norma Missae Takeuti

Corpo e cidade

Como estão sendo problematizadas as *sensações físicas num espaço urbano?* Essa é uma questão que está em estreita articulação com o que refletiremos sobre corpos em movimento no *hip hop*. Num primeiro momento, é Richard Sennett quem nos traz algumas preciosas centelhas de compreensão do corpo, movimento, liberdade (ou de sua falta) no espaço urbano. Seu ensaio *Carne e pedra – o corpo e a cidade na civilização ocidental* (2008) é uma tentativa de compreender *como as questões do corpo foram expressas na arquitetura, no urbanismo e na vida cotidiana.* De imediato, pode-se avançar a tese dele de que, na civilização ocidental, pouco se respeitou *a dignidade dos corpos humanos e sua diversidade* (SENNETT, p. 13), aliás, os tempos modernos testemunham a exacerbação do tolhimento sensorial na cidade, justamente quando se voltam para exaltar o corpo e a liberdade de seus movimentos. Temos vivido a ilusão de liberdade física, quando, na realidade, mais do que imaginamos, somos tolhidos em nossa vivência corporal nos mais diversos espaços fragmentados das cidades. *A plenitude dos sentidos e a atividade do corpo foram de tal forma erodidas que a sociedade atual aparece como um fenômeno sem precedentes* (ibid., p. 19).

A passividade corporal e a indiferença entre corpos em deslocamento é o que caracterizaria a experiência do indivíduo numa *geografia urbana fragmentada e descontínua* (ibid., p. 17). O autor evidencia o medo contemporâneo que ganha claros contornos no *medo do contato* e no *medo da multidão*, produzindo vivências existenciais e corporais limitantes no interior de uma dada configuração urbana moderna. Desde que a modernidade assentou suas bases edificantes em cidades racionalizadas e eficientes do ponto de vista da rapidez do translado, do conforto e da segurança dos citadinos para os seus movimentos obrigatórios de ir e vir diário do trabalho, bem como para os seus momentos de folga e lazer, o vínculo social se desgarrou definitivamente da ideia de conexão entre *carne* (corpo concebido em sua plenitude de gozo) e *pedra* (cidade construída). Houve tempos, na aurora da civilização ocidental, em que os gregos atenienses tinham o corpo humano como uma *obra de arte da cidade: os complexos ritos atenienses, baseados nos poderes poéticos da metáfora e da metonímia, consumavam-se no corpo e no espaço urbano* (ibid., p. 92).

Cidades modernas, principalmente nos séculos XVIII e XIX, foram sendo construídas ou reconstruídas tendo como preocupação essencial a movimentação de massa. Conforto, velocidade e segurança estavam na base de invenções dos transportes, das ruas ou corredores urbanos e mesmo dos lazeres; gradualmente, a tecnologia foi transformando o *movimento em experiência passiva,* do mesmo modo que apressou os passos do individualismo já em processamento, fazendo calar as vozes de cidadãos na cidade, dando lugar a ruídos e vozes anônimas e ensejando proximidade física entre humanos sem verdadeiros encontros (*encontros de afetação*[17]). *O corpo em movimento, desfrutando de cada vez mais comodidade, viaja sozinho e em silêncio: anda para trás, do ponto de vista social* (ibid., p. 338).

Com projetos urbanísticos e arquitetônicos, procurava-se criar *cidades saudáveis* para *corpos saudáveis* (ibid., p. 346). Certamente,

---

17. Encontro, no sentido deleuziano, seria um *acontecimento* no qual uns e outros se *afetam,* produzindo derivações que se convertem em experiências inusitadas (Deleuze, 2006).

corpos "saudáveis" em movimentos velozes (contra o tempo que também se acelerava ao ritmo de novas tecnologias), desconectando-se, cada vez mais, dos espaços pelos quais eles se moviam. Movimentos mais rápidos e calculados em seus passos, sem ócios no seu horizonte, porém monótonos, podiam elidir (ou suspender momentaneamente) o mal-estar e a desconfortante sensação provocados pelos possíveis contatos com a multiplicidade de diferenças que a cidade propicia. "Fechar o corpo" a todo contato com a diferença e diversidade (ou com o "estranho/estrangeiro") ou "fechar-se em comunidades" contra a própria angústia existencial[18] deslocada para o plano físico (da sensação de insegurança oriunda de riscos e ameaças permanentes das cidades) passam a ser as vivências comuns dos citadinos atuais, a ponto de Sennett escrever: *A imagem moderna idealizada do corpo individual desapegado dificilmente pode cantar vitória – o que ela sugere é passividade* (ibid., p. 378).

Diante de *corpos perturbados* nas e pelas cidades, o autor não deixa, contudo, de indicar *resistências*, por algumas ocasiões na história retraçada, que *incrementaram a sensibilidade dos corpos oprimidos*. Esse será o mote de nossa própria reflexão sobre os corpos jovens que experimentam uma estética viva e contumaz de "antipassividade corporal", através de uma dança aparentemente "esdrúxula" (o *break*).

Biopoder e corpo

Antes, porém, de adentrarmos no universo dos jovens do *hip hop*, em movimento no nosso estudo, será interessante conectar ao bloco anterior de reflexão um bloco intermediário que, mesmo sob forma sintética, apresente ideias sobre o corpo contemporâneo à luz do *biopoder*. O contexto desenvolvido anteriormente – o da criação

---

18. Bauman (2003).

de *cidades saudáveis* para a sustentação de *corpos saudáveis* – está em íntima relação com o desenvolvimento desse tipo de poder no Ocidente.

Uma discussão sobre corpos oprimidos, disciplinados ou investidos pelo poder não pode ser feita sem passarmos pelas fecundas teses de Michel Foucault. Suas obras[19] bem conhecidas – *Vigiar e Punir* (1975); *História da sexualidade 1 – A vontade de saber* (1976) – bem como os Cursos do Collège de France, publicados[20] anos após sua morte – *Em defesa da sociedade* (1975-1976); *O nascimento da biopolítica* (1978-1979); *Segurança, território e população* (1977-1978), além de os diversos textos e entrevistas esclarecedores e organizados na sua coletânea *Ditos e Escritos* (2001), compõem o vasto material para a nossa apresentação sintética de suas ideias concernentes à *biopolítica* e à *anatomo-política do corpo*, as duas importantes tecnologias políticas de *biopoder* arquitetadas a partir do século XVIII no Ocidente.

O *biopoder* foi indispensável ao desenvolvimento do capitalismo, possível graças à inserção controlada dos corpos no aparelho de produção e por meio dos ajustes dos fenômenos populacionais aos processos econômicos, para os quais concorreram mecanismos, técnicas e dispositivos de poder centrados no corpo individual, num primeiro plano e visando, em seguida, ao corpo-espécie junto à população.

A tecnologia disciplinar veio estruturar não só o campo das práticas produtivas, mas bem todos os terrenos sociais de pulsação da vida; foi assim também que se conceberam as *artérias* e *vias* das cidades modernas (conforme SENNETT, 2008, no bloco anterior) e se determinou a atitude do citadino (em que velocidade e como se locomover, de que maneira e quanto descansar e assim por diante). Quanto à biopolítica, ela é uma tecnologia que se orienta mais sobre os processos da vida, regulando e intervindo nos processos biológi-

---

19. Os anos referenciados são os anos de realização dos cursos (e não os de publicação).
20. Os anos referenciados são segundo a data de edição original.

cos: proliferação, nascimentos, mortalidade, nível de saúde, duração de vida, longevidade, habitação, migração, visando a mecanismos de proteção social da população, regulamentando-a em nome do equilíbrio geral. O controle da sociedade passa pelo biológico, pelo somático e pelo corporal – assim é que *o corpo é uma realidade biopolítica*.

Em tal realidade, há o importante crescimento do *jogo da norma* (mecanismos contínuos, reguladores e corretivos), ou seja, uma *sociedade normalizadora* é o efeito histórico de uma tecnologia de poder centrada na vida. O importante a reter dessa tese, para efeito das discussões que se seguem abaixo, é que esse poder, que funciona em rede difusa de dispositivos produtivos e reguladores de costumes e hábitos, presente em todos os lugares (*le pouvoir est partout!*), é estruturante de *parâmetros e limites do pensamento e da prática*. Razão esta que torna esse poder penetrante e determinante de comportamentos: ele *sanciona e prescreve os comportamentos normais e/ou desviantes;* ele define o que é válido ou não para uma sociedade, o que é a verdade, o que se deve saber, o que se pode dizer, o que é normal ou patológico, em suma, quem se pode *fazer viver* e quem se pode *deixar morrer* (morte física ou simbólica).

Então, estaríamos vivendo no absoluto uma sociedade normalizada na qual não há possibilidades para outras experiências corporais e existenciais que não as que subsumam os ditames do poder? Ora, se nas sociedades atuais se pode arvorar uma maior "consciência ou domínio do corpo", isto se deve ao *efeito do investimento do corpo pelo poder*, argumenta Foucault. O poder tem realizado sobre o corpo de crianças, soldados, jovens, mulheres, enfim, sobre *corpos saudáveis*, um trabalho tão insistente que terminou desembocando no *desejo do próprio corpo*: reivindicação da gestão, por exemplo, do próprio corpo contra o poder, do prazer contra normas morais da sexualidade. O poder – ao controlar o corpo e investir nele – termina por suscitar, incitar e intensificar o desejo. Entretanto, ao corpo revoltado, o poder responde com um *controle-estímulo* (e não *controle-repressão*): se *quiser ficar nu, quiser expor o seu corpo, então seja magro, belo e bronzeado!* Luta *perpétua e multiforme* entre poder e resistência. Nessa concepção de poder, Foucault quer mostrar que as relações de poder abrem possibilidade para uma resistência real a tal ponto que quem domina tenta manter-se com força tanto maior quanto maior a resistência. O argumento decisivo de Foucault está em que se o poder tivesse por função apenas reprimir, censurar, excluir, barrar, recalcar, se ele só se exercesse de modo negativo, ele só poderia produzir um corpo fragilizado (Pouvoir et corps, in DE1, p. 1.622 a 1.628).

Corpo e subjetividade

Este tema da resistência, que se dá através do corpo que não mais quer se deixar aprisionar pela sociedade, pode ser mais bem apreendido, ainda mais uma vez, com Foucault, quando este problematiza o modo de subjetivação, remontando aos gregos antigos e à sua estilística existencial. Suas duas últimas obras - *História da sexualidade 2 - O uso dos prazeres*; *História da sexualidade 3 – O cuidado de si* -, além dos últimos cursos do Collège de France (*Hermenêutica do sujeito*) e dos textos da década de 1980 - in *Ditos e Escritos* - são imperdíveis para se ampliar a reflexão sobre o modo de subjetivação contemporânea.

Não temos certeza de estar bem preparados para formularmos ideias consistentes em torno desse tema da subjetividade contemporânea. Vamos permanecer numa pretensão bem mais modesta, que é a de pensar uma realidade empírica[21] com peculiaridades que sur-

---

21. Realidade essa que nos aproxima de um grupo de jovens engajados no "movimento hip hop" (definição por eles próprios forjada para denominar um coletivo que se estende para além do plano nacional), com os quais desenvolvemos um trabalho conjunto há mais de três anos: do bairro de Guarapes, da cidade do Natal-RN, e atualmente agrupados na *Associação Posse Lelo Melodia*. No tocante ao *break*, em par-

preendem um olhar mais atento e curioso: a *potência de vida* de jovens envoltos em dança (*break*) e música (*rap*); a sua *sensibilidade política*, que se revela em suas canções e performances corporais (*break*) ou visuais (grafite)[22] e a partir das quais expressam um saber prático e lúcido sobre a vida em sociedade (diga-se, de passagem, sociedade que os considera "descartáveis"), a sua "garra" e compenetração em encontrar "vias de saída" às limitadas condições de vida impostas à "periferia"[23] e sua população. Neste heteróclito mundo juvenil de jovens do hip hop, tivemos a oportunidade ímpar de realizar o *encontro* (conforme Deleuze, op. cit.) com os jovens[24] que atuam em nossa pesquisa. Com isso, nós, os pesquisadores, temos sido afetados, do mesmo modo que eles, em diversos momentos de convergência de sensibilidades e de pulsações de pensamento, durante os quais nos foi permitido consolidar uma relação de parceria

---

ticular, devemos parte da empiria a Julieta de Souza Menezes, mestranda do PPGCS-UFRN (2008-2010), sob a nossa orientação.
22. E agora também uma performance literária que alguns jovens revelam ter.
23. O termo "periferia", sempre entre aspas, se justifica por se tratar de uma apelação tornada usual entre jovens moradores de subúrbios e bairros que distam do centro ou de áreas "nobres" urbanas. O conceito de *hip hop* estaria, na representação dos próprios jovens nele engajados, diretamente associado a um determinado conceito de "periferia": "periférico é condição geográfica e é também um sentimento de pertencimento". O termo "periferia" passou a ser apropriado pelos próprios moradores, principalmente os jovens – instigados pelos ativistas culturais que geralmente atuam em bairros onde fixam a sua moradia –, na medida em que nele encontram a expressão de seu sentimento de pertencimento a uma "comunidade", que não se reduz mais aos seus limites geográficos ("lá onde residem"), mas passa a ser vivenciada tanto como uma vasta rede de pessoas ou coletivos que possuem experiências comuns na adversidade, quanto na solidariedade, nas *bordas* do sistema capitalista mundial.
24. Um grupo de jovens que se aglutina em torno da associação que denominam de *Posse Lelo Melodia*, do bairro de Guarapes, na cidade do Natal-RN, no estado do Rio Grande do Norte, Brasil. Identificamos pelos seus verdadeiros nomes porque assim o desejam: **Adriana** Carla da Silva, **Amauri** Reginaldo da Rocha, **Edcelmo** Bezerra da Silva, **Eliênio** Ângelo Duarte, Fagner José de Andrade (**Camaleão**), Josinaldo Vicente de Souza (**Pick**) e Pedro Paulo Santana de Lima (**PP**). Verdadeiros parceiros nesta pesquisa, que, junto com Marlos Alves Bezerra (recém-doutorado em Ciências Sociais sob o tema que versa sobre as ações sociais desses jovens), têm muito colaborado para o avanço da pesquisa em pauta.

(saber prático e saber científico) que se demite dos caminhos convencionais de pesquisa e aguça o pensamento para *pensar diferentemente*. Vale a pena dizer com Foucault (1984, p. 13):

> De que valeria a obstinação do saber se ele assegurasse apenas a aquisição dos conhecimentos e não, de certa maneira, e tanto quanto possível, o descaminho daquele que o conhece? Existem momentos na vida onde a questão de saber se se pode pensar diferentemente do que se pensa, e perceber diferentemente do que se vê, é indispensável para continuar a olhar ou a refletir.

Esta é a quinta publicação[25] em que os jovens de Guarapes se encontram no centro de nossas elaborações textuais. Cada texto privilegiou análises de diferentes dimensões – sociais, artístico-culturais ou políticas – presentes em suas múltiplas experiências cotidianas no interior do que eles gostam de chamar de "movimento *hip hop*". Este texto visa privilegiadamente ao *break*, que significa *quebra*.

Podemos pressupor que este corpo na dança – que se expressa em movimentos que se quebram, às vezes, com aparência mecânica, acrobática ou robótica – está, em primeira mão, nos falando numa *língua estrangeira*. Contudo, não se trata de outra língua, mas daquilo que Deleuze aponta em certas linguagens literárias: *um devir-outro da língua* (dominante, legítima na sociedade), *uma minoração dessa língua maior, um delírio que a arrasta, uma linha de feitiçaria que foge ao sistema dominante* (DELEUZE, 1997, p. 15). Numa linguagem talvez "delirante" (para quem só pode enxergar gestos mecânicos), esse corpo comunica algo que se quer descontínuo, entre as linhas lineares e segmentárias do espaço urbano, para enfrentar, até mesmo perfurar, os seus "vasos não-comunicantes" (neles en-

---

25. As publicações anteriores são: TAKEUTI, 2008, 2009a, 2010; TAKEUTI e BEZERRA, 2009b.

contrar "brechas"). Expressa o desejo de desafiar o "disciplinado" com performances que apontem outras direções e composições possíveis aos corpos que se moldaram dentro de regras específicas e aparentemente incontornáveis.

Vertical, horizontal, diagonal – transversalidade corporal – em ondas magnéticas que desafiam a "natureza" própria do corpo? Corpo e dança se tramam numa cumplicidade enigmática contra os códigos disciplinadores de espaços que insistem impor um modo segmentado de relações – não-contato, indiferença, apatia e medo (conforme bloco 1). Seus gestos e expressões corporais podem estar abordando (ritualizando) temas incrustados na realidade cotidiana das cidades: a rejeição social, a morte, a infâmia, o amorfo, relações que condenam parte dos seres sociais ao ostracismo nas "quebradas"[26] da sociedade ("periferias urbanas"). Mas também podem estar indicando possibilidades de um corpo que se quer expressar na multiplicidade de seus sentidos, sem precisar estar no redil de captura dos códigos comportamentais dominantes.

Novas experimentações corporais, novas experimentações sociais. O que determinados jovens denominam de "movimento hip hop" tem proporcionado algumas aberturas aos que nele se engajam e se lançam em inventividades na busca de "vias de saída" para a sua limitada condição de vida de jovens de "periferia". Nossa hipótese (ou melhor, a nossa aposta!) é de que aí se encontra uma potencialidade inventiva do político, enquanto uma nova postura de vida de determinados jovens diante de problemas vivenciados nas "periferias" urbanas de várias partes do Brasil. Algumas dentre essas "periferias" se destacam pela revelação surpreendente de mobilização interna de capacidades artístico-culturais, principalmente de jovens compenetrados em assumir uma nova estética (ou estilística), própria da "periferia". Nova faceta que, certamente, vem desafiar a única representação consolidada desse espaço social, qual seja, o lugar que se estrutura (ou se desestrutura) unicamente sob o prisma das pul-

---

26. Um termo próprio a eles.

sões de morte. Aquela "periferia", enquanto lugar da infâmia (violências diversas, crimes, tráfico de drogas, ...), passa a querer também expor uma faceta em que se disseminam inventividades artístico-literário-culturais esportivas, cujas produções se projetam para espaços sociais outros, até então impensados para os "periféricos". Expressão de múltiplas singularidades em conexão, realizando movimentos em proliferação, que efetivam ultrapassagens de fronteiras[27], com desdobramentos peculiares na subjetividade de seus habitantes, que doravante, com algumas condições (pessoais, grupais ou coletivas), sentem abertas para a assunção de outra postura para o enfrentamento das infindáveis dificuldades e dilemas produzidos pelo insistente processo de segregação social.

Para os jovens do *hip hop*, a sua dinâmica artística e cultural seria uma "arte" que expressa um modo de vida, um estilo, um jeito de se divertir, uma maneira de se movimentar na sociedade: "um jeito de berrar, sem violências, contra uma sociedade injusta" (EDCELMO, 200928). O *hip hop* "não é um mero passatempo"! Bem mais do que isso, quando chega a produzir algo ("cultura, arte, esporte") de modo engajado! É algo que permite conexão com outros coletivos que também perseguem objetivos comuns, os quais sentem que pelo *hip hop* podem vir a realizar a "denúncia social" e atingir "transformações na vida das pessoas". Assim, o *hip hop* se apresenta como um "projeto de vida" (individual e coletivo) no qual estariam em jogo novas maneiras de pensar, fazer e viver na própria "periferia"29. Pressente que as mudanças são mais da ordem do subjetivo que de ordem material.

---

27. Sobre a "efervescência cultural" nas "periferias" de certas cidades, já o discorremos em outros textos (TAKEUTI, 2008, 2009a; TAKEUTI e BEZERRA, 2009b).
28. Um ativista do grupo hip hop da Associação Posse Lelo Melodia, de Guarapes (Natal-RN).
29. Não temos a ilusão de que essa seja uma postura generalizada: sabemos de jovens e grupos que aderiram ao hip hop também na lógica do "bom rendimento" (lógica mercantil).

Música e dança se conjugam num convite a outros corpos presentes (dos jovens espectadores que se aglutinam em torno dos *rappers*, *b-boys* e *grafiteiros*). Na busca desse tipo de comunicação, reverbera-se todo um movimento sensível do corpo em toda a sua possibilidade espaço-temporal: o espaço não mais se reduz ao solo retilíneo e unidimensional; pela dança, ele ganha uma multidimensionalidade que lhe permite explorar as laterais, o alto e o baixo, as diagonais. Os corpos desobedecem a regras de conduta ou a regras de dança convencional: espalmam, empinam, retorcem, dobram e desdobram o corpo, como que buscando posições desmesuradas que quebrem toda e qualquer linearidade dos gestos. Num interessante e delicioso texto sobre butô[30], Tibúrcio (2009, p. 41) comenta sobre esse gênero de dança que nos remeteu, no exato instante, aos movimentos corporais do *break*:

Nela (na dança butô, apresenta-se um corpo grotesco em que desabrocha o movimento da vida, se revela a desmedida, rompendo com a mecanização dos gestos, não se fixando em formas pré-estabelecidas ou em um padrão de temporalidade. O corpo se nutre de sombras e silêncios e neles mergulha, em um espaço sem medidas, preenchido de continuidades e vizinhanças, tramando conexão entre os tecidos celulares, o céu e a terra, a animalidade e a cultura, o interior e o exterior".

Uma sensível maneira da autora de captar as nuanças dessa dança a cuja estética em nada o *break* se assemelha. É na força dos corpos em movimento e naquilo que as duas estéticas contestam que vimos uma aproximação entre os dois gêneros de dança e que nos levaram a pedir emprestadas as palavras da autora para expressar aquilo que também vislumbramos nos movimentos corporais dos jovens. É verdade que, geralmente, o *break* se desenrola em meio a batidas de percussões e vozes declamantes-cantantes de poesias (os *rappers*), ou seja, não há "silêncio" nesse evento dançante, como

---

30. Um gênero de dança contemporânea japonesa de vanguarda, que surgiu pós-segunda guerra mundial

no butô, muito embora haja muitas "sombras" projetadas num "espaço sem medidas" para falar de sofrimentos e dores de sua vida cotidiana. No *break*, o "rompimento com a mecanização dos gestos" se dá na mesma medida em que gestualidades "mecânicas, acrobáticas ou robóticas" caricaturadas entram em composição com outras gestualidades no fluir dos movimentos que se darão por espécie de *síncopes*[31] necessárias, que produzem, finalmente, a "quebra" da ideia de gestos calculados, frios e passivos, tão presentes nas disposições corporais das pessoas na sociedade. Com isso, o *break* pode estar propondo "quebra" também na dimensão temporal – por exemplo, o tempo codificado segundo as necessidades do trabalho ou de lazeres ("passatempos") ditados pela mídia televisiva (novelas: o tempo ditado para assisti-las e o tempo de se "viver" as tramas sugeridas). O tempo é remexido nos saltos e volteios e nas vibrações que o corpo emite e reverbera na uma platéia curiosa, seduzida a entrar no "campo magnético" vibrátil. De toda forma, a temporalidade para a qual os *b-boys*, os *rappers* e os demais componentes adentram e carregam consigo os espectadores, não é mais, certamente, aquela que os define como os "alijados" da sociedade.

Pela dança, os *b-boys* mostram que se pode resgatar a *carne* (à semelhança do corpo viril ateniense – conforme SENNETT, 2008 – o *corpo do cidadão*), dando matéria a um corpo, agora vibrátil, não mais desqualificado em todos os sentidos sociais. O *lado de fora* (o poder), para falar como Deleuze (1988), agora se desdobra na *carne* que ganha vida e tal como um corpo em *rizoma* vai engendrando gestos não-previsíveis, impensados e inacabados numa estética inclassificável. Tomaremos mais uma vez emprestada de Tibúrcio (2009, p. 45) a sua "transcriação"[32] da dança butô para, finalmente, reforçar nossa ideia de que o *break* pode conter a *potência da vida*:

---

31. Síncope: termo geral para caracterizar um distúrbio ou uma interrupção do fluxo regular do ritmo.
32. Não se trata, neste caso, de uma simples descrição, nem de uma transcrição de um dado observado. Razão pela qual recorremos a um neologismo.

Essa dança abriga um corpo mutante, que se metamorfoseia. É um corpo que é sendo, que é em processo, que respira com a vida-morte do mundo. É um corpo que admite a sobreposição da vida e da morte, do nascimento e do envelhecimento, admite uma contingência caótica, a possibilidade de criação incessante de novos mapeamentos, a possibilidade de mudar a condição de existência desse corpo, sempre aberto, inacabado. A dança butô se efetua, dessa maneira, nessa tentativa de colocar em experimentação, em metamorfoses inconclusas, sem certezas, sem seguranças. Opera nessa possibilidade de um corpo que se refaz o tempo todo, descolonizando-se e recolonizando-se em fluxos contínuos de intensidade, numa criação sempre móvel. Corpo a que nunca se chega, em busca permanente, corpo em processo, corpo em trânsito.

Corpo em *devir* que prepara um *devir-jovem*[33]: este entra em cena deitando por terra a identidade "pronta" de jovem de periferia, tal qual a sociedade lhes legou e que tem soçobrado à subjetividade de muitos jovens que se vêem sem grandes chances de sobrevivência física e social. Nesse *devir outro*, o jovem arromba os códigos e normas sociais, como se estivesse desafiando as "leis da natureza" impostas – a "lei" que diz ser natural que o corpo tenha idade para tudo: para aprender, fazer sexo, procriar, se divertir, ser belo, ser saudável, ser produtivo, ser útil, inclusive para ser aceito ou não na sociedade...

Quisemos, nesta parte do texto, mostrar que o *break* – um dos componentes do "movimento *hip hop*", juntamente com o poema e ritmo (*rap*), bem como o *grafite* – pode estar revelando uma subversão do corpo "tão pouco respeitado na civilização ocidental" (SEN-

---

33. *Devir-jovem*: O conceito de *devir*, em Deleuze e Guattari (1997), possibilita captar, nas filigranas das atitudes desses jovens, aquilo que parece estar primordialmente em jogo: o fazer *atual* não prefigura uma forma dada "lá no futuro", não se amarra a uma "política de identidade", tampouco a uma dada organização ou uma "revolução de futuro". É o *intempestivo*, diríamos como Deleuze (1998), para o qual o termo se inspira em Nietzsche, possibilitando a invenção de um algo novo do qual nada se sabe;do qual, quando muito e talvez, sonhos ou devaneios.

NETT, 2008, p. 13), isto é, desvelando uma espécie de resistência que promove o despertar da sensibilidade do corpo que, finalmente, trabalha a favor da *saúde de um corpo* que só pode se pensar "saudável" mesmo quando se encontra "grávido" de distúrbios.

Micropolítica e cuidados de si

Estamos conscientes de que ainda há muito a se elaborar na leitura da linguagem e vivência corporais de *b-boys* e demais componentes do "movimento hip hop" na sua expressão "sincopada" da sensibilidade corporal que, certamente, vai na contramão dos *corpos disciplinados, regulamentados* e *regulados* na couraça da indiferença e do cansaço, que se deslocam pelas ruas das cidades contemporâneas.

Por ora, resta-nos, no espaço reservado desta escrita, articular o modo de subjetivação, que se dá nas *dobras* dos movimentos que fluem pela música e dança, com um conceito caro a Deleuze e Guattari (1996), qual seja, a *micropolítica*. Este tipo de prática política é bastante distinto das práticas que se dão no interior do campo político instituído na sociedade. A micropolítica deleuziana-guattariana transborda o campo do instituído e diz respeito a toda dimensão vital, ou melhor, à *potência de vida*. Guattari explicita que a *questão da micropolítica é a de como reproduzimos (ou não) os modos de subjetivação dominantes* (GUATTARI & ROLNIK, p. 132-3, 1985),

Pudemos notar que os jovens engajados no "movimento hip hop" estão longe de condutas violentas de agressão ao sistema. Suas "armas" simbólicas (o canto, a dança, o grafite) podem manejar uma "gramática da ira", mas bem distantes das violências. Tampouco, se trata de romper implacavelmente suas relações com os vários segmentos da sociedade que lhes reservam atitudes hostis e de rejeição. Sequer se trata de "se enquadrar" em lugares altamente valorizados socialmente. Se seus atos de resistência distam bastante das conhecidas ações de resistência de "guerrilhas ou de movimentos revolucionários"; tampouco se pode dizer que estejam reproduzindo os modos de subjetivação dominantes – suas posturas e atitudes sociais em nada se assemelham às descrições de "sujeitos alienados conformados" na sociedade.

A sua micropolítica se revela por meio de uma dinâmica coletiva que se configura como política da vida no cotidiano da pobreza – o *cuidar de si* (pessoal e coletivamente). Trata-se de um agir coletivo improvisado e por lances oportunos. Determinados jovens ativistas vivem esse processo como uma invenção de uma ética na *sobrevida*, a qual extrapola amplamente o simples querer sobreviver na miséria material. Uma *ética de resistência social*, bem próximo daquilo que Certeau (1994, p. 18) denomina de *micro-resistências* que fundam as *micro-liberdades* que propiciam a capacidade de mobilização de *recursos insuspeitos* que pode levá-los a se orientarem para *novas modalidades de organização da subjetividade,* individual e coletiva (GUATTARI, 1981, p. 47).

Há, em suas atuações, uma tentativa de *desterritorialização* (DELEUZE & GUATTARI, 1986) em relação a uma *significação imaginária social* (CASTORIADIS, 1986) central perversa, que remete jovens das camadas sociais e econômicas inferiores a se verem como "pré-destinados" a produzir uma existência social em estreitos territórios físicos e limitados espaços sociais marcados por estigmas avassaladores de suas subjetividades[34]. A experiência de *desterritorialização,* que a arte parece permitir, arremessa esses jovens a aprenderem "na marra" a inventar alternativas para a sua vida. Isso, sim, parece-nos ser uma pista interessante, o que nos leva a estar atentos para acompanhar as movimentações e atuações de jovens engajados em ações artístico-culturais, com ressonâncias políticas, para descobrir novos *estratos* de potencialidade inventiva de *formas de viver* de pessoas e/ou coletivos numa sociedade, ainda por cima, bastante excludente. Não esqueçamos que a sociedade brasileira

---

34. Por exemplo: "de criminosos mirins a perigosos criminosos adultos". Desenvolvemos amplamente este assunto em Takeuti (2002).

apresenta um grande déficit de participação social e política de amplas parcelas de sua população, que nunca, até um momento histórico recente, tiveram oportunidade de se expressar em espaços públicos ou de participar em ações sociais e políticas[35].

Referências bibliográficas

BAUMAN, Zygmunt. *Comunidade:* a busca por segurança no mundo atual. Rio de Janeiro: Jorge Zahar Ed., 2003.

CASTORIADIS, Cornelius. *A instituição imaginária da sociedade (1975).* Rio de Janeiro: Paz e Terra, 1986.

DE certeau, michel. *A invenção do cotidiano 1:* artes de fazer. Petrópolis: Vozes, 1994.

DELEUZE, Gilles. *Conversações.* Rio de Janeiro: Ed. 34, 1992.

_____. As dobras ou o lado de dentro do pensamento (subjetivação). In: FOUCAULT (1986). São Paulo: Editora Brasiliense, 1988.

_____. A literatura e a vida. In: Deleuze, G. *Crítica e Clínica* (1993). São Paulo: Ed. 34, 1997, p. 11-16.

DELEUZE, Gilles. *Diálogos* (1977). São Paulo: Editora ESCUTA, 1998.

DELEUZE, Gilles; GUATTARI, Félix. *Mil Platôs:* capitalismo e esquizofrenia. v. 1. (1980). Rio de Janeiro: Ed. 34, 1995.

_____. Micropolítica e segmentaridade. In: *Mil Platôs* – Capitalismo e esquizofrenia. v. 3. (1980). São Paulo: Ed. 34, 1996.

_____. Devir-intenso, devir-animal, devir-imperceptível. In: *Mil Platôs* – Capitalismo e esquizofrenia. v. 4. (1980). São Paulo: Ed. 34, 1997.

FOUCAULT, Michel. *O uso dos prazeres.* Rio de Janeiro: Graal, 1984.

_____. *Dits et Écrits I (1954-1975) e II (1976-1988).* Paris: Quarto/Gallimard, 2001.

_____. *Vigiar e Punir* (1975). Petrópolis,Vozes, 1993.

---

35. Discutimos esse assunto num artigo que intitulamos Desafios da abordagem sociolclínica e biográfica no contexto sociocultural e político brasileiro (TAKEUTI, 2009b).

_____. *História da sexualidade 1* – A vontade de saber (1976). Rio de Janeiro: Ed. Graal, 1979.
_____. *História da sexualidade 2* – O uso dos prazeres (1984). Rio de Janeiro: Ed. Graal, 1985.
_____. *História da sexualidade 3* – O cuidado de si (1984). Rio de Janeiro: Ed. Graal, 1985.
_____. *Em defesa da sociedade*. São Paulo: Martins Fontes, 1999.
_____. *O Nascimento da biopolítica*. São Paulo: Martins Fontes, 2008.
_____. *A hermenêutica do sujeito*. São Paulo: Martins Fontes, 2006.
GUATTARI, Félix. *Revolução molecular*: pulsações políticas do desejo. São Paulo: Editora Brasiliense, 1981.
GUATTARI, Félix; ROLNIK, Suely. *Micropolítica* – Cartografias do desejo. Petrópolis: Vozes, 1985.
SENNETT, Richard. *Carne e pedra* – o corpo e a cidade na civilização ocidental. Rio de Janeiro: BestBolso, 2008.
TAKEUTI, Norma M. Saberes em construção: coletivo jovem em formação na sua resistência social (p. 203-221). In: PASSEGGI, M. da C. & SOUZA, E. C. *(Auto)Biografia:* formação, territórios e saberes, São Paulo: PAULUS; Natal: EDUFRN, 2008, p. 203-221.
_____. Movimentos culturais juvenis nas "periferias" e inventidades sociais. In: MARTINS, P. H. & MEDEIROS, R. (Orgs.). *América Latina e Brasil em perspectiva*. Recife: Ed. Universitária da UFPE, 2009a, p. 331-350.
_____. Desafios da abordagem socioclínica e biográfica no contexto sociocultural e político brasileiro. In: TAKEUTI, N. M. & NIEWIADOSMKI, C. (Orgs.). *Reinvenções do sujeito social* – teorias e práticas biográficas. Porto Alegre: Editora Sulina, 2009b, p. 74-94.
_____. Refazendo a margem pela arte e política. In: *Nómadas - Revista del Instituto de Estudios Sociales Contemporáneos - IESCO*. Colômbia: Facultad de Ciencias Sociales, Humanidades y Arte - UNIVERSIDAD CENTRAL, 2010 (prelo).
TAKEUTI, Norma M. & BEZERRA, Marlos A. Trajetórias de um coletivo jovem: Nem só de prática e gramática da ira. In: TAKEUTI, N. M. & NIEWIADOSMKI, C. (Orgs.). *Reinvenções do sujeito social* – teorias e práticas biográficas. Porto Alegre: Editora Sulina, 2009b, p. 105-125.

TIBÚRCIO, Larissa Kelly de O. M. A poética do corpo na dança butô. In: NÓBREGA, T. P. da (Org.). *Escritos sobre o corpo.* Diálogos entre arte, ciência, filosofia e educação. Natal: EDUFRN, 2009.

Memória e
documentação narrativa

O ESTUDO DA HISTÓRIA DA EDUCAÇÃO NA REGIÃO NORTE DO CEARÁ COMO ESTRATÉGIA DE FORMAÇÃO E O PAPEL DA AUTO(BIOGRAFIA)

José Edvar Costa de Araújo

O Grupo de Pesquisa História e Memória Social da Educação e da Cultura é construído, institucional e organicamente, como indutor de estudos sobre a memória e a história de educadores, instituições e práticas educativas - escolares ou não - significativas para pequenas comunidades ou espaços sócio-histórico mais amplos da região norte do Ceará. Esta comunicação relata e avalia empreendimentos ocorridos entre 2005 e 2009: investigações individuais dos pesquisadores; projetos de iniciação científica realizados com estudantes de graduação; produção de relatos sistematizados de experiências pessoais de formação e de estudos da cultura escolar efetivados com professores da rede escolar do município de Sobral. Em todas as ações, destacam-se, junto com os produtos, os aspectos de auto(biografia) das narrativas dos processos de formação profissional e pessoal dos sujeitos implicados.

A Universidade Estadual Vale do Acaraú no recente movimento de historiadores da educação no Ceará

A proposta desta fala - *O estudo da história da educação na Região Norte do Ceará como estratégia de formação e o papel da auto(biografia)* - é comunicar aspectos do trabalho Grupo de Pesquisa História e Memória Social da Educação e da Cultura – MEDUC -, empreendido no âmbito do recente movimento dos historiadores da educação, que abrange o estado do Ceará; assuntos que se relacionam ao tema central e eixos temáticos do IV CIPA. Em suma, correspondem à emergência e à utilização dos estudos biográficos e depoimentos autobiográficos com o objetivo de documentar as artes de viver, conhecer e formar dos educadores e das instituições educacionais daquela sociedade.

O recente movimento dos historiadores cearenses da educação, acima referido, está enraizado em grupos de docentes das quatro universidades públicas do estado: a Universidade Federal do Ceará, a Universidade Estadual do Ceará, a Universidade Regional do Cariri e a Universidade Estadual Vale do Acaraú. E tem proposto como finalidade principal produzir estudos sobre a história da educação no Ceará.

Recordando os primórdios deste movimento, ainda na década de 90 do século passado, quando, na expressão de uma de suas iniciadoras no programa de pós-graduação em Educação da UFC, "a história educacional do Ceará começou a ser ensaiada no âmbito da nossa Faculdade", diz ela a respeito do que se passava no Nordeste, olhando de sua instituição:

Ficava-nos evidente que a história educacional da Região Nordeste vivia um clima de verdadeira ebulição, ao realizar diversos inventários de temas e fontes, nos quais estavam presentes,tanto a busca do passado de elites letradas, instituições escolares e reformas educacionais, quanto a preocupação com os marcos de uma história cultural, de onde pudessem emergir outros objetos e contornos educacionais, abarcando as expressões sociais relacionadas com o contingente analfabeto e interiorano, as marcas deixadas por iletrados: africanos, indígenas e caboclos; mulheres e crianças, agricultores e vaqueiros, romeiros e cangaceiros (CAVALCANTE, 2006, p. 49).

Nos dois derradeiros anos daquela década, o Curso de Pedagogia da Universidade Estadual Vale do Acaraú, então uma pequena instituição interiorana, realizava um intenso debate, intentando reformular sua proposta de formação. As discussões traziam à tona um conjunto de insatisfações, entre as quais se incluía o questionamento dos padrões de condução dos estudos nas diversas disciplinas. No caso das disciplinas da área da história da educação, a recusa do ensino então praticado redundava em tentativas de inovar, de aproximar os estudos disciplinares do mundo vivido. Como exemplos destas iniciativas, destacavam-se as orientações para que os estudantes registrassem histórias de vida de professores e outros educadores; documentassem a história de instituições educativas; para que recolhessem testemunhos de práticas educativas de gerações anteriores; para que buscassem os testemunhos materiais das práticas educativas de educadores e de instituições com as pessoas mais idosas de suas próprias famílias.

De forma intuitiva, mais do que obedecendo a um projeto e a um plano de trabalho para pesquisar e produzir estudos sobre a história da educação no Ceará, com outro enfoque, estas iniciativas intencionavam estudar os fatos e as perspectivas da educação brasileira como fenômenos possíveis de serem entendidos por meio de uma leitura que fosse ao mesmo tempo comprometida com a vivência próxima e capaz de articular as dimensões do local, do regional e do nacional.

As tendências e os protagonistas do que ocorria nas duas instituições, a UFC e a UVA, encontram-se pela primeira vez no ano de 2002, quando da realização do I Encontro Cearense de Historiadores da Educação, surgido da iniciativa do Núcleo de História, Memória e Política Educacional do Programa de Pós-Graduação em Educação da Universidade Federal, que, em sua justificativa, apresentava como objetivo favorecer a criação de um espaço interinstitucional de discussão acerca da problemática da pesquisa no campo da Historia Educacional e agregar pesquisadores ligados às universidades públicas cearenses - UFC, UECE, URCA, UVA - que atuem ou estejam interessados na área (UFC, 2002).

A partir daquela oportunidade, um grupo de professores do Curso de Pedagogia da UVA, ligado a disciplinas de história da educação, começou a aderir ao desafio proposto no documento citado. Este momento da inflexão será registrado no ano seguinte, na fala pronunciada por um dos iniciadores do movimento na Universidade Estadual Vale do Acaraú, por ocasião da mesa redonda "Reflexões sobre o ensino e a pesquisa no campo da história educacional – potencialidades e desafios", no II Encontro Cearense de Historiadores da Educação, ocorrido na cidade de Fortaleza em 2003:

As reflexões sobre o contexto da UVA, sobre a contribuição da crítica historiográfica e sobre o que pensam estudantes e professores acerca dos estudos histórico-educativos em sua formação, apontam para o delineamento de iniciativas através das quais transformar a indagação sobre as potencialidades e desafios em proposições factíveis no contexto institucional,. (ARAÚJO, 2003, p. 59).

A reflexão sobre as potencialidades detectadas e sobre as possibilidades de transformá-las em ações viáveis é complementada pela descrição de três possíveis ações estratégicas.

Uma destas ações, referente à organização do ensino, sugeria a possibilidade da elaboração de uma proposta conjunta para a condução das disciplinas da área de história da educação. Esta possibilidade, aparentemente a mais simples de realizar, jamais se tornou realidade.

Outra ação, pensada inicialmente como natural decorrência de uma prática mais rigorosamente sistematizada na condução das disciplinas, seria a organização de um de banco de temas ou propostas de estudo, resultante do levantamento de temas, instituições e educadores significativos para os municípios e pequenas comunidades. Esta opção, que já era uma prática, mostrou-se mais de acordo com a realidade.

Estes procedimentos, de acordo com o raciocínio subtendido, levariam no médio prazo à constituição de uma estrutura formada por professores e estudantes, por pessoas e instituições dos diversos municípios - embrião de um futuro grupo de pesquisa. Ressalte-se que, na conjuntura de então, estas metas poderiam ter sido consideradas revolucionárias, pois a Universidade Estadual Vale do Acaraú era, àquela altura, uma instituição voltada unicamente para o ensino, com pequeníssimas ilhas de interessados e capacitados para a pesquisa e a produção de conhecimentos.

A face do recente movimento de historiadores da educação na Universidade Estadual Vale do Acaraú

Um exame do que foi e como foi executado da estratégia descortinada por ocasião do II Encontro Cearense de Historiadores da Educação, em 2003, revela, ao lado do pensado, os acasos ou as oportunidades imprevistas.

Este exame, feito com as perspectivas atuais, permite recompor um percurso em cujo início predominam os esforços individuais, aos poucos entremeados com ações que demandaram a participação de outros indivíduos. A soma dos dois tipos de participação cria um ambiente considerado favorável ao trabalho de investigação, de produção e de disseminação de estudos, buscando enfatizar os temas relacionados à sociedade que se constituiu na região do semiárido nordestino, no território conhecido como a Região Norte do Estado do Ceará.

Como já dito inicialmente, este percurso integra um conjunto mais amplo: a iniciativa que denominamos atualmente como um movimento dos historiadores da educação no Ceará. Entenda-se a expressão movimento como indicativo da existência e da ebulição de grupos e forças sociais e não de uma organização rígida burocraticamente estruturada e hierarquizada.

Olhando para o que aconteceu no âmbito da instituição de que fazemos parte, constatam-se, além do que foi dito acima – ,transição de ações mais individuais para ações mais grupais - mudanças no que se refere às práticas de ensino. Este movimento caracteriza-se como um deslocamento que parte de um padrão de ensino predominante por cerca de quatro décadas e tenta alcançar outro modelo. Ao menos em termos de discurso. De um padrão dominante, caracterizado pelo ensino meramente baseado nos textos dos manuais, para uma prática de ensino baseada também nos princípios e na prática da pesquisa como elemento de formação dos educadores.

De fato, este deslocamento se encontra em pleno andamento e seria irreal pensar que obedece a um plano rigorosamente traçado, acompanhado e avaliado. Trata-se de um movimento que permite descobrir e experimentar novas rotinas, mas não assegura mudanças profundas e seguras. Entretanto, de forma superficial já acena com a possibilidade de sair do papel de mero consumidor das interpretações que se consolidam no mercado dominante das idéias e propostas de formação para assumir um papel de produtor na periferia deste mercado, com probabilidade de se tornar um parceiro de trocas mais simétricas.

Em termos operativos, este deslocamento ocorreu em um movimento que começou precariamente com as iniciativas possíveis de tomar pelos professores no âmbito de suas salas de aula, do que era possível propor a seus alunos no âmbito de suas disciplinas.

O que eram estas iniciativas possíveis? Atividades como: a confecção de memoriais do percurso educacional e formativo pessoal; a conversa com familiares idosos em busca de depoimentos sobre suas experiências escolares ou de formação pessoal; a identificação de educadores considerados significativos para as comunidades de origem dos estudantes e a confecção de breves relatos biográficos deles; a busca de vestígios materiais da cultura escolar de uma determinada época (livros didáticos, fotografias, cadernos, documentos escolares e outros).

O ponto mais alto alcançado a partir destas iniciativas está na constituição do Grupo de Pesquisa, visto como instrumento para possibilitar uma ação mais orgânica, institucionalizada, projetiva.

O esforço para fazer alguma análise deste percurso foi evidenciando que a atenção dada às biografias e às autobiografias de educadores foi uma constante na elaboração e na condução das atividades de exploração dos temas, bem como das experiências iniciais de pesquisa. Esta evidência está referida em um balanço feito por um dos integrantes do MEDUC, por ocasião do VIII Encontro Cearense de Historiadores da Educação (PEREIRA, 2009, p. 391-392). Naquela oportunidade, a professora Ivna de Holanda Pereira inicia observando que o "crescente número de alunos e de professores interessados na identificação de fontes de pesquisa" para a história da educação na Região Norte do Ceará parece estar associado a fatores e iniciativas que ela denomina de "boa onda".

Entre outros fatores que marcam este período de sucessos, ela destaca a instalação, em 2006, do *Laboratório para o Tratamento de Fontes para a História e a Memória Social da Educação e da Cultura na Região Norte do Ceará*. A partir de 2007, dois outros: a realização das atividades denominada Encontros de Memórias e a parceria com a Escola de Formação Permanente do Magistério - ESFAPEM - e a Secretaria da Educação de Sobral.

O LABFONTES, financiado com recursos da FUNCAP - Fundação Cearense de Apoio ao Desenvolvimento Científico e Tecnológico -, ocupa uma sala disponibilizada pela universidade e reúne uns poucos e importantes equipamentos – máquina fotográfica, filmadora, computador e scanner -, que permitem iniciar o trabalho de documentação visual e sonora, de digitalização de documentos e uma biblioteca mínima básica sobre historiografia e história da educação. Apesar da sua simplicidade, o LABFONTES tem sido fundamental para marcar a presença física do grupo de pesquisa, abrigar grupos de estudo e permitir o trabalho dos primeiros bolsistas.

O Programa Encontros de Memória é uma estratégia destinada a estreitar o contato com pesquisadores, estudantes do ensino médio e comunidades não-acadêmicas no município de Sobral, e municípios vizinhos, tornando possível identificar memorialistas, pesquisadores e seus acervos bem como os desejos e as possibilidades de criar ou potencializar iniciativas já existentes.

Por último, e não menos importante, a parceria com a Escola de Formação Permanente do Magistério – ESFAPEM - e a Secretaria da Educação de Sobral. Esta parceria expressa a expectativa e a determinação de uma aproximação produtiva da universidade com educadores que efetivamente atuam no ambiente da escola de ensino fundamental; aproximação que reconheça a capacidade destes atores de sistematizar suas experiências, captando, observando e analisando aspectos impossíveis de serem estudados com maior profundidade por investigadores que não estão no chão da escola. Esta parceria resultou em sucessivos projetos de trabalho, associando o princípio da pesquisa ao programa de formação continuada em serviço desenvolvido pela ESFAPEM. Os estudos e registros realizados por educadores da rede municipal de Sobral tornaram-se públicos na forma de livros - *Olhares da Memória* e *Entre(atos) do Ofício* - e de uma exposição de objetos da cultura escolar denominada *Testemunhos da história da educação em Sobral*.

Biografias e autobiografias como estratégia de pesquisa e como instrumento de formação de educadores

A comunicação antes referida, feita no VIII Encontro Cearense de Historiadores da Educação, traz também um esquema construído com base na experiência resultante do percurso descrito: dos objetos de pesquisa que se revelam como terrenos férteis, os procedimentos de investigação e seu provável valor para a formação dos educadores. Neste esboço, aparece a referência ao uso da biografia e da autobiografia como estratégias de investigação:

1. **Acervos fotográficos** particulares e públicos, em posse de particulares, que oferecem possibilidades de estudos sobre os mais diversos aspectos da educação do lugar, da família e de outros assuntos que se interligam.

2. **Ex-professores e professores e professores**, que atuaram ou atuam em escolas denominadas historicamente de reunidas, isoladas, públicas, filantrópicas ou provadas. Essas identificações têm possibilitado, através de fontes orais (de ex-alunos e, em determinados casos, dos próprios professores biografados) e documentais, registrar/produzir ensaios biográficos importantes para a história da educação do lugar.

3. **Livros, jornais, cartilhas, boletins, diplomas e outros instrumentais de auxílio disciplinar e pedagógico,** que se apresentam como fontes importantes para o estudo/ compreensão da didática/métodos pedagógicos e conteúdos aplicados em determinadas épocas.

4. **Instituições escolares** – religiosas, públicas, particulares que funcionavam ou ainda funcionam em espaços e lugares diversos... (Idem, ibidem: 398-399).

Esta descrição sugere aprofundar as informações acerca de como o uso da biografia e da autobiografia desponta como um procedimento investigativo e pode, futuramente, adquirir foros mesmo de uma linha de investigação.

Sobre a utilização da biografia e da autobiografia como procedimento investigativo por parte dos professores e estudantes vinculados ao MEDUC, destacaria o lugar que ela ocupa nos exercícios e das pesquisas exploratórias realizadas por estudantes nas atividades disciplinares. Aí aparecem com freqüência a descoberta de instituições de ensino e a possibilidade da elaboração do perfil de educadores de seus municípios ou comunidades de origem.

As informações geram um banco de temas, formados por instituições e pessoas, temas que poderão vir a ser estudados de forma mais aprofundada com vistas à elaboração de trabalhos de conclusão de curso ou através de futuros projetos de mestrado ou de doutorado.

Estas possibilidades começam a se concretizar. Já foram realizados estudos de aprofundamento que resultaram em artigos apresentados nas sessões de comunicações orais ou de painéis no próprio Encontro Cearense de Historiadores da Educação em 2008, 2009 e 2010 e no Encontro de Iniciação Científica da Universidade Estadual Vale do Acaraú, entre eles os ensaios biográficos em Sobral: da professora Dolores, mestra Anísia, padre Arnóbio, monsenhor José Aloysio Pinto; em Santana: da(os) professora(es) Conceição Tomás, Delcy Carneiro, Nazaré Severiano, Núbia, Luís Júnior; em Morrinhos, da professora Guilhermina; em Tianguá, da professora do sítio Capeba Maria Raimunda, e de tantos outros nomes e trajetórias que ainda permanecem guardados no grande e esquecidos baú da história (Idem, ibidem, p. 398).

Quanto às iniciativas dos professores, o primeiro estudo concluído é a pesquisa de mestrado do professor Joan Edessom de Oliveira sobre o educador padre Osvaldo Carneiro Chaves, professor durante quarenta anos no Seminário São José e no Colégio Sobralense e, nesta condição, formador de algumas gerações de jovens oriundos de todos os municípios da região norte e noroeste do Ceará. Ao justificar as razões de sua investigação, nos diz o professor Joan alguma coisa sobre o que move os integrantes do Grupo de Pesquisa MEDUC quando se interessam pela biografia de educadores como possíveis contribuições para o trabalho de formação:

O que me interessa é descobrir, a partir dos seus depoimentos e de alguns de seus ex-alunos, quem é esse professor, como ele construiu a sua docência e em que a sua biografia e o entendimento da sua docência podem contribuir para a formação dos jovens educadores, alunos dos cursos de formação de professores, bem como no trabalho dos professores das diversas redes de ensino. Em suma, o que me interessa saber é quem é esse professor e o que ele tem a nos dizer, a nós professores (OLIVEIRA, 2009, p. 17)

Nesta perspectiva, inclui-se outra pesquisa em andamento, da professora Ivna de Holanda Pereira. Trata-se do perfil biográfico do senhor Luis Júnior, destacado como professor do ensino fundamental e como líder religioso e comunitário no município de Santana do Acaraú.

Sobre a utilização dos produtos destas pesquisas nas atividades de formação inicial e continuada de educadores há referências na comunicação feita por dois integrantes do MEDUC em uma das mesas-redondas do VI Encontro Cearense de Historiadores da Educação, em 2006. Naquela ocasião eles afirmam:

> O Programa Encontros de Memórias, cuja primeira etapa vem se dando no município de Santana do Acaraú, em parceria com instituições do poder público, de escolas, organizações da sociedade e pessoas das comunidades, atua diretamente na aproximação, no estímulo e apoio aos desejos às iniciativas de valorizar a memória, através da escuta e do registro das vozes de seus mais idosos, através do recolhimento dos testemunhos materiais e iconográficos, através da organização de grupos de trabalho, através da produção de material para uso educativo, através enfim da capacitação técnica e política de professores, estudantes, artistas, líderes e pessoas em geral para que ampliem suas capacidades de agirem propositivamente em seu universo de atuação (OLIVEIRA e ARAÚJO, 2006: 111-112).

Esta perspectiva, entretanto, tem-se consolidado de maneira muito especial através dos projetos desenvolvidos nos anos de 2007, 2008, 2009 e 2010, com professores, coordenadores pedagógicos e diretores escolares da rede escolar pública municipal pública do município de Sobral. Nos estudos, sistematizações, registros e textos produzidos, os aspectos biográficos e autobiográficos ocupam lugar de destaque.

O pensamento do MEDUC acerca da utilização desta estratégia pelos educadores em seus esforços formativos encontra-se fielmente revelado na fala de um de seus parceiros. Na apresentação do livro *Olhares da Memória*, constituído por um conjunto de depoimentos memorialísticos escrito por educadores da rede municipal de Sobral sobre sua própria formação pessoal e escolar, o secretário da Educação daquele município, prof. Júlio César da Costa Alexandre, destaca o papel que a memória construída pela reflexão desempenha na construção de novos projetos. Ressalta que memórias "não são apenas um retorno a um passado, mas que, ao serem narradas, lembradas e relembradas, adquirem novos significados que podem ajudar a repensar o presente em que se vive e o futuro que se deseja".

Em outra chave interpretativa, traz o secretário o tema da valorização do magistério ao admitir que a recuperação da memória contada pelas próprias pessoas permite que elas próprias apareçam como sujeitos dessa história. Nesse processo, não são mais heróis, autoridades e fatos marcantes que fazem a história, mas as pessoas comuns em seu cotidiano comum.] (ALEXANDRE, 2007, p. 7–8).

Perspectivas, lições, desafios

A exposição do que tem acontecido nos anos recentes no âmbito do movimento de historiadores cearenses da educação, o relato de como o Grupo de Pesquisa História e Memória Social da Educação e da Cultura - MEDUC - concretiza este movimento em sua instituição, a Universidade Estadual Vale do Acaraú e, na área de sua influência, o registro do papel que o uso de biografias e de autobiografias assume como metodologia de pesquisa e como estratégia de formação dos educadores. Estas realidades, especialmente esta forma de acontecer das duas primeiras, remetem a algumas considerações.

A primeira delas é que o interesse de conhecimento e a investigação com base em biografias e autobiografias não se esgotam na elaboração do perfil pessoal e na documentação do percurso de vida do educador ou educadora estudado; para além deste aspecto, em si mesmo notável, as práticas desenvolvidas procuram nelas encontrar informações sobre uma época, sobre uma categoria, sobre uma ou mais instituições educativas, sobre os sinais destes elementos nas práticas educativas.

Outras considerações destacam lições que a experiência própria e de outros trazem sobre os méritos e sobre os limites da biografia e da autobiografia como metodologia da pesquisa bem como sobre seu emprego como estratégia de formação.

Uma destas lições, aqui recordada através das palavras de Giovanni Levi, ensina que uma característica das mais significativas dos estudos (auto)biográficos é que eles tornam possível aproximar-se de fenômenos que ocorrem no território em que os indivíduos exercem sua criatividade e sua liberdade, aquelas situações em que eles escapam ao controle das normatizações institucionais e sociais:

Na verdade, nenhum sistema normativo é suficientemente estruturado para eliminar qualquer possibilidade de escolha consciente, de manipulação ou interpretação das regras, de negociação. A meu ver, a biografia é por isso mesmo o campo ideal para verificar o caráter intersticial – e todavia importante – da liberdade de que dispõem os agentes e para observar como funcionam concretamente os sistemas normativos, que jamais estão isentos de contradições (LEVI, 2005, p. 179-180).

Outra lição, esta transmitida por Pierre Bourdieu, nos adverte exatamente sobre o outro lado da moeda, sobre os limites, sobre o grau de confiabilidade das (auto)biografias, na medida em que a composição destas narrativas, tanto por parte dos investigados como por parte dos investigadores, passa pela instauração de um tipo de ilusionismo. A mais comum das ilusões biográficas, segundo ele, é criar a sensação de que a história de vida apresentada ao final teria acontecido na forma de uma série linear de acontecimentos, de certo modo previsíveis e planejados pela vontade do biografado.

Sem pretender ser exaustivo, pode-se tentar extrair alguns pressupostos desta teoria. Primeiramente, o fato de que a vida constitui um todo, um conjunto coerente e orientado, que pode e deve ser apreendido como expressão unitária de uma "intenção" subjetiva e objetiva, de um projeto.

Essa vida, organizada como uma história, transcorre segundo uma ordem cronológica que também é uma ordem lógica, desde um começo, uma origem, no duplo sentido de ponto de partida, de início, mas também de princípio, de razão de ser, de causa primeira, até seu término, que é também um objetivo.

O relato, seja ele biográfico ou autobiográfico, como o do investigado que "se entrega" a um investigador, propõe acontecimentos que, sem terem se desenrolado sempre em sua estrita sucessão cronológica (quem já coligiu histórias de vida sabe que os investigados perdem constantemente o fio da estrita sucessão do calendário), tendem ou pretendem organizar-se em seqüências ordenadas segundo relações inteligíveis (BOURDIEU, 2005, p. 184).

A (auto)biografia, com as perspectivas que descortina para a investigação acerca das mais variadas facetas das práticas sociais educativas, como suas virtudes e vícios, constitui apenas uma parte da estratégia de pesquisa em educação do Grupo de Pesquisa História e Memória Social da Educação e da Cultura – MEDUC. Contudo, pode ser, pelo menos neste momento, a mais importante, na medida em que representa uma das fontes mais acessíveis e mais fecundas.

Referências Bibliográficas:

ALEXANDRE, J. C. da C. *Memórias em um tempo veloz*. Fortaleza: Expressão Gráfica e Editora, 2007.

CAVALCANTE, M. J. M. Historiadores andarilhos: em busca do tempo perdido. In: VASCONCELOS, J. G. e NASCIMENTO, J. C (Orgs.). *História da Educação no Nordeste Brasileiro*. Fortaleza, Edições UFC, 2006. (Coleção Diálogos Intempestivos)

ARAÚJO, J. E. C. O ensino e a pesquisa no campo da história educacional: potencialidades e desafios na Universidade Estadual Vale do Acaraú. In: CAVALCANTE, M. J. M. e BEZERRA, J. A. B. (Orgs.) *Biografias, instituições, idéias, experiências e políticas educacionais.* Fortaleza: Edições UFC, 2003. (Coleção Diálogos Intempestivos)

BOURDIEU, Pierre. A ilusão biográfica. In: AMADO, J. e FERREIRA, M. de M. *Usos & abusos da história oral.* 6.ª ed. Rio de Janeiro: Editora FGV, 2005.

LEVI, Giovanni. Usos da biografia. In: AMADO, J. e FERREIRA, M. de M. *Usos & abusos da história oral.* 6. ed. Rio de Janeiro: Editora FGV, 2005.

OLIVEIRA, J. E. *Nem um dia sem uma linha:* a oficina de trabalho do Padre Osvaldo Carneiro Chaves. Fortaleza: Expressão Gráfica Editora, 2009.

OLIVEIRA J. E. e ARAÚJO J. E. C. Observações para pensar e avançar no ensino de história da educação na Universidade Estadual Vale do Acaraú. In: VASCONCELOS, J. G. e NASCIMENTO, J. C (Orgs.). *História da Educação no Nordeste Brasileiro.* Fortaleza, Edições UFC, 2006. (Coleção Diálogos Intempestivos)

PEREIRA, I. de H. Territórios e tempos diversos e proximais: a identificação de fontes para a história da educação. In: CAVALCANTE, M. J. M e outros. *Escolas e culturas:* políticas, tempos, e territórios de ações educacionais. Fortaleza: Edições UFC, 2009. (Coleção Diálogos Intempestivos).

Universidade Federal do Ceará. *I Encontro Cearense de Historiadores da Educação: Instituição escolar, reformismo e modernidade* (Folder). Fortaleza, 2002.

Memória barroca:
o centro histórico da cidade de São Salvador da Bahia e o seu entorno

Ana Palmira Bittencourt Santos Casimiro

Introdução

A história da humanidade é constituída por elementos de diferentes memórias – social, cultural e histórica –, que se interpenetram de tal modo que é quase impossível separá-las. É difícil separar a memória social da cultural, porque uma condiciona a elaboração da outra, e as duas alimentam a história. A memória social passa, decididamente, pela memória cultural. E a história não pode prescindir de ambas.

Os documentos manuscritos e impressos, as obras de arte, os monumentos históricos, a arquitetura das cidades e das fazendas, os objetos e documentos preservados, as fotografias do "álbum de família", bem como os depoimentos pessoais registrados são fontes inestimáveis de memória e de história. Também são fontes inestimáveis as crenças e os valores cultivados por determinados grupos que, depois, são transmitidos de geração em geração, resultando na memória viva da sociedade.

Para alguns autores arte é documento. Pierre Francastel (1967, p.12-41), por exemplo, observa que os sociólogos da arte não lograram avanço porque, de modo geral, a sociologia parte do pressuposto de que os artistas apenas materializam os valores do meio e os estetas colocam a arte em um patamar diferenciado da realidade. Mas este autor pressupõe que o artista desempenha papel na elaboração dos fatos sociais e que a arte não é passiva e sim atuante. Afirma que, se, por um lado, o estudo das obras não pode ser a história das formas, por outro, não pode ser também a história das idéias. Para Francastel, a arte é documento que informa a realidade.

A cidade é uma rica fonte de arte e de memória que alimenta e é alimentada pelas histórias locais. É fonte pela escolha do seu lugar de origem, ou pelo seu mapa urbano; pela sua arquitetura, monumentos, arborização, irradiação do centro histórico e consequentes mudanças nos estilos das casas, ou pelas suas igrejas, praças e cinemas. Até mesmo as intervenções urbanísticas, demolições e implantação de novos centros de interesse dizem muito da sua história através do tempo.

A cidade só se realiza, enquanto tal, com a presença dos seus habitantes, sejam eles os moradores permanentes – fundadores –, sejam eles imigrantes de vários períodos e por diversas razões, enfim, sejam eles viajantes e transeuntes esporádicos. Até a primeira metade do século XX, havia um equilíbrio entre os moradores das zonas rurais e os moradores urbanos, mas, a partir da aceleração dos meios de transportes e das comunicações, aconteceu uma urbanização muito rápida em cidades mal preparadas para um fluxo intenso de pessoas.

Antigamente, a zona rural precisava pouco da zona urbana e, praticamente, se autossustentava. Nas grandes propriedades, além da agricultura em larga escala, os proprietários e colonos desenvolviam agricultura de subsistência e vida social, em torno das casas grandes e das capelas das fazendas. As pequenas propriedades se associavam em torno das maiores, das quais se tornavam aderentes, inclusive utilizando suas capelas para o cumprimento dos ofícios religiosos.

As primeiras fontes de riqueza vieram do solo. Até hoje, grande parte das nossas riquezas vêm do campo. Os primeiros produtos extraídos da Colônia e comercializados em larga escala por Portugal foram, primeiramente, a madeira de lei; depois, o açúcar, o tabaco o minério e, já no século XIX, o café. Mas, se hoje contamos com máquinas para o cultivo do solo e para a colheita, secagem e silagem, mormente nas grandes propriedades, nos primórdios coloniais tudo era feito com a mão-de-obra escrava. Antonil (1992, p. 140), jesuíta italiano que esteve no Brasil de 1763 até mais ou menos 1711, escreveu:

> Contam-se no território da Bahia, no presente, cento e quarenta e seis engenhos de açúcar moentes e correntes, além dos que se vão fabricando, uns no Recôncavo, à beira-mar e outros pela terra dentro [...] fazem-se um ano por outro, nos engenhos da Bahia, 14 mil e quinhentas caixas de açúcar".

Além da riqueza do açúcar, Antonil enumera o gado, o couro, o tabaco e as minas de ouro. Na apropriação de tais riquezas, segundo Antonil:

> Os escravos são as mãos e os pés do senhor do engenho, porque sem eles no Brasil não é possível fazer, conservar e aumentar fazenda, nem ter engenho corrente", e como deveriam ser tratados: "E do modo com que se há com eles, depende tê-los bons ou maus para o serviço (ANTONIL, 1982, p. 89).

Para se ter escravos, era necessário acomodá-los. Assim, para a empreitada proposta pelo jesuíta, os engenhos precisavam dispor de uma sofisticada infraestrutura capaz de dar conta das necessidades dos inúmeros moradores ligados, direta ou indiretamente, à produção, incluindo habitação (casa-grande e senzala), lavoura, armazéns, capela e outros espaços que atendiam às formas de sociabilidade inerentes à vida rural

Alguns autores estudaram metodicamente os conjuntos arquitetônicos do Brasil rural, como Gilberto Freire (1980), Nestor Goulart Reis Filho (1983), Luís Saia (s. d.), dentre outros. Esterzilda Berenstein de Azevedo (1990), por exemplo, mapeou e estudou mais de trinta engenhos de açúcar coloniais localizados no entorno da

Bahia de Todos os Santos, mais precisamente, no Recôncavo Soteropolitano. Segundo a autora:

> Para compreender a arquitetura dos engenhos [...] torna-se necessário identificar, entre outros fatores, exigências pragmáticas diretamente ligadas ao processo de produção do açúcar. Estas exigências não apenas moldaram os espaços de alguns edifícios – mais diretamente ligados à fabricação do açúcar, a exemplo das casas de moenda, caldeiras e de purgar – como foram também responsáveis pela localização dos engenhos próximos a algumas fontes de energia, como quedas d'água, matas e vias de acessos, tais como portos naturais e rios navegáveis. A própria organização espacial do complexo de edifícios, que incluía casa-grande, capela, senzala e fábrica, estava intimamente relacionada à produção do engenho (AZEVEDO, 1990, p. 35).

Diante da literatura analisada, sabemos, pois, que a arquitetura civil e religiosa no Brasil Colonial, abundante, foi representada pelas casas-grandes e senzalas, ermidas, capelas de missões e capelas de engenhos. Mas era na zona urbana, desde os tempos coloniais, que os comerciantes e negociantes se reuniam para vender e embarcar os seus produtos. Muitas vezes, também era na zona urbana que moravam suas famílias, que eles desobrigavam e praticavam os exercícios religiosos, participavam das cavalhadas e procissões, casavam seus filhos, etc.

Na zona urbana (arraiais, vilas e cidades), a vida religiosa foi representada de diversas formas: igrejas, mosteiros e conventos, cada cidade com suas especificidades. Da mesma forma, a arquitetura civil: casarios sobrados e eirados e, igualmente, a arquitetura militar: muralhas, fortes, diques e paliçadas representam e são a memória viva da história das cidades, dando a conhecer sobre suas vidas cotidianas, seus hábitos, suas guerras, suas formas de defesa, suas organizações sociais. Enfim, dando a conhecer todas as suas manifestações culturais.

MEMÓRIA E DOCUMENTAÇÃO NARRATIVA 115

Segundo Nestor Goulart Reis Filho (1983, p. 22), um traço característico da arquitetura urbana é a relação que a prende ao tipo de lote em que está implantada. Assim, as casas de frente de rua, do período colonial, remontam às cidades mediev.-renscentistas da Europa:

Pode-se afirmar com segurança que durante o período colonial a arquitetura residencial urbana estava baseada em um tipo de lote com características bastante definidas. Aproveitando antigas tradições urbanísticas de Portugal, nossas vilas e cidades apresentavam ruas de aspecto uniforme, com residências construídas sobre o alinhamento das vias públicas e paredes laterais sobre os limites dos terrenos.

Na concepção do autor, não havia meio termo. As casas eram urbanas ou rurais e, caso fossem urbanas, não haveria possibilidade de recuo ou de jardins laterais. Mesmo os palácios dos governadores eram edificados ao rés da rua. De acordo com Reis Filho (1983, p. 22):

No Pará, ou no Recife, em Salvador ou em Porto Seguro, encontram-se ainda hoje casas térreas e sobrados dos tempos coloniais, edificados em lotes mais ou menos uniformes, com cerca de dez metros de frente e de grande profundidade [...] O esquema apontado envolvia ainda a própria idéia que se fazia de via pública. Numa época na qual as ruas, com raras exceções, ainda não tinham calçamento, nem eram conhecidos passeios [...].

Na época colonial, as cidades eram pequenas e as propriedades rurais se limitavam, maiormente, ao litoral e às imediações. Nesse caso, além de os moradores urbanos não terem tanta necessidade de jardins, a uniformidade das residências correspondia à uniformidade dos partidos arquitetônicos. As casas eram construídas de modo uniforme e a padronização era fixada nas Cartas Régias ou em posturas municipais.

O que fazia a diferença era a condição social para se ter esse ou aquele padrão de casa: para se ter sobrado ou casa térrea, casa com telhado de uma ou de duas águas, cunhais de pedra ou não. Fazia diferença, também, o custo do lote, a depender do bairro e a manutenção da casa. Ainda de acordo com o estudo de Reis Filho (1983, p. 24), as repetições dos modelos residenciais não ficavam somente nas fachadas. Pelo contrário, mostravam uma incrível monotonia.

As salas da frente e as lojas aproveitavam as aberturas sobre a rua, ficando as aberturas dos fundos para a iluminação dos cômodos de permanência das mulheres e dos locais de trabalho. Entre estas partes com iluminação natural, situavam-se as alcovas[36], destinadas à permanência noturna e onde dificilmente penetrava a luz do dia.

Indagamos: além dos significados comuns a todas as cidades e além da variação dos monumentos arquitetônicos, quais seriam os signos que tornam cada cidade especial, passível de ser identificada e diferenciada de tantas outras? Precisamos ler o que os signos falam e saber ler o que eles falam da história das cidades.

Salvador, por exemplo, capital da Colônia, centro polarizador da agricultura açucareira, lugar dos negócios coloniais, sede do primeiro arcebispado do Brasil, lugar das contradições sociais entre uma minoria proprietária e uma maioria negra escravizada, possui signos reveladores desse passado contraditório.

Os signos do 'Pelourinho'(hoje simplesmente Pelô) falam dos castigos infligidos aos escravizados; 'os nomes' das ruas ou praças remetem aos sobrenomes de personagens ou famílias importantes (Praça Castro Alves, Rua Guedes de Brito, Ladeira do Sodré), aos nomes de políticos ou religiosos (Av. Juraci Magalhães, Rua do Bispo, Av. Cardeal da Silva), à própria localização da rua em relação à Sé (Rua Direita da Sé, e Esquerda da Piedade) ou, mesmo, falam da

---

36. A função da alcova, pela sua localização, além de abrigo para o sono noturno, visava, também, a proteger as mulheres de visitantes indesejáveis (ao menos para as famílias) – daí o aparecimento do substantivo-adjetivo "alcoviteira" (aquela que introduz à alcova).

função, do clima, da geografia ou política daquela rua (Rua do Comércio, Rua da Alfândega, Ladeira da Praça, Avenida Beira Mar, Rua Guindaste dos Padres, Rua do Tira-Chapéu, Rua Vira-Saia, Rua da Forca, etc.).

Além do conhecimento e interpretação dos signos citadinos, é necessário completar esse conhecimento com a história documental da cidade. Retomando como exemplo a cidade do Salvador, sabemos, por documento, que a cidade foi planejada e fundada, como centro administrativo da Bahia, por carta régia de D. João III, o qual, em 1549, ordenou a Tomé de Souza a construção "de uma fortaleza e uma povoação grande e forte, em local conveniente, para, a partir de então, ajudar os outros povoamentos e administrar justiça" (MATTOSO, 1992, p. 70). Naquela época, ali já se encontrava Diogo Álvares CorreiaCaramuru, desde mais ou menos 1511, no primitivo povoado de Vila Velha, mais tarde, Paróquia de N.S. da Vitória.

O núcleo escolhido por Tomé de Souza foi uma chapada, elevada em relação ao mar, onde foram sendo levantados, paulatinamente, prédios administrativos (Palácio do Governo, Casa de Câmara e Cadeia, o Bispado, a Casa de Relação, a Casa da Moeda, etc.); construções comerciais (armazéns, trapiches, galpões, lojas, etc.); construções de defesa (paliçadas, baluartes, fortes, etc.); prédios residenciais (testamentos do século XVII e XVIII falam em "moradas de casas, térreas ou sobrados, com porão, soto, cunhais em pedra, quintal, horta e lojas"[37] e, principalmente, muitos prédios religiosos e mistos (igrejas, conventos, mosteiros, hospícios, ermidas e capelas).

Junto com os signos imagéticos e os documentos oficiais que constroem a história da cidade, historiadores, geógrafos, corógrafos, engenheiros, viajantes, e cronistas de cada época também registram os resultados das suas pesquisas e as suas memórias e narram, de primeira mão, a história da cidade.

---

37. Cf. Livro Terceiro do Tombo e Registo do Arquivo da OTSFB.

Na Bahia do século XVIII, Salvador foi descrita a partir de vários olhares, os quais, quanto mais estranhos, mais atentos se tornavam às peculiaridades do lugar[38]. Por meio dessas narrativas, sabemos dos aspectos físicos, pitorescos, da vida material, da forma de organização da sociedade, da educação, da religião, dos hábitos de higiene, enfim, do cotidiano da cidade, desde os idos coloniais.

Caminhando hoje em dia pelo centro histórico da cidade do Salvador, capital da Bahia, parece difícil, à primeira vista, imaginar que estamos diante de fragmentos reais dessa nossa memória colonial. Fragmentos que foram resguardados na arquitetura residencial e religiosa ⊠ igrejas, pelourinho, dique, e casarios ⊠, no traçado das ruas, nos aparelhos de ligação entre a cidade baixa e a cidade alta, nos nomes das ruas e dos bairros. Fragmentos resguardados também nos documentos dos arquivos públicos, acervos familiares, museus, etc.

Parece difícil, também, imaginar como foi se configurando o contorno da cidade desde a sua fundação até o presente. De fato, é difícil, até mesmo impossível, uma interpretação ao pé da letra da história de uma cidade. Mas cada cidade nos oferece signos e documentos especiais (plásticos e verbais), os quais, interpretados à luz da história oficial e com os recursos da memória, poderão nos ajudar a investigar, conhecer e reconstituir um pouco do seu passado.

Até o século XVI, apesar da existência do povoado de Vila Velha e de fazendas nas imediações (Garcia, Barbalho, Rio Vermelho, etc.), a cidade ficava intramuros. O acesso era feito pela Porta de Santa Luzia, ao sul, e pela Porta de Santa Catarina, ao norte, depois destruídas. As escarpas e as ladeiras (Conceição, Taboão, Preguiça e Misericórdia) protegiam o oeste, o acesso pelo mar. Na parte leste, ficavam os conventos e igrejas da Palma e do Desterro (MATTOSO, 1992, p. 70).

Nos fins do século XVI, a cidade ultrapassou seus limites primitivos, intramuros, espalhando-se por morros e vales e, no sé-

---

[38]. Sebastião da Rocha Pita, Vilhena, Barbinais, etc.

culo XVII, à cidade fortificada já correspondia outro tanto de construções. Relata Sebastião da Rocha Pita (1976, p. 46-50) que possuía, nessa época, 6 mil fogos, isto é: 35 mil habitantes. Também Kátia Mattoso (1992, p. 105), com base em recenseamentos da época, aponta "para Salvador, em 1706, a população de 21.601 habitantes repartidos em 4.296 fogos".

O monumento arquitetônico que mais revela a história, a memória e a cultura de uma cidade e os hábitos dos seus habitantes é a igreja. Na Bahia, especialmente, pela quantidade de igrejas e por sua opulência, elas revelam a importância da religião e, sobretudo, a íntima relação entre Igreja Católica e Estado Português no Período Colonial. Entre 1551 e 1760, as principais paróquias da primeira capital do Brasil eram: N. Sra. das Graças, 1535; N. Sra. das Vitórias e Sé, 1552; N. Sra. da Conceição da Praia, 1623; Stº Antônio Além do Carmo, 1638; Senhora de Sant'Ana, 1673; São Pedro, o Velho, 1676; SS. Sacramento, 1718 e N. Sra. da Penha, 1760 (MATTOSO, 1992, p.100).

A partir dessas sedes iniciais, observamos o surgimento paulatino de igrejas paroquiais, mantidas pelo Estado mediante a instituição do Padroado Régio; igrejas e conventos das ordens religiosas regulares masculinas, ordens primeiras (beneditinos, franciscanos, capuchinhos, agostinianos, carmelitas), igrejas e colégios jesuítas; igrejas e conventos das ordens religiosas regulares femininas, ordens segundas (franciscanas, clarissas ou ursulinas) (MATTOSO, 1992, p. 373); igrejas construídas por leigos associados em confrarias, misericórdias e ordens terceiras (Santa Casa da Misericórdia, Irmandades do SS. Sacramento, N. Sra. do Rosário, N. Sra. da Barroquinha, N. Sra. do Pilar; ordens terceiras de S. Francisco, N. Sra. do Carmo, S. Domingos, S.S. Trindade, dentre outras.

Mas qual era mesmo a configuração da cidade de Salvador no início do século XVIII, época de construção das mais importantes igrejas barrocas da Bahia? Dentre outros trabalhos, o Centro de Arquitetura da Bahia - CEAB (UNIVERSITAS, 1978, p.5-28) analisou e confrontou uma planta da Cidade, de 1715, do brigadeiro francês

Jean Massé, conforme a descrição contida na História da América Portuguesa de Sebastião da Rocha Pita (1660-1738), mais ou menos da mesma época[39]. Como já foi dito, de acordo com as informações de Rocha Pita e a análise realizada na planta do brigadeiro Jean Massé, a equipe do CEAB descreveu o desenvolvimento de Salvador, entre 1650 e 1730, da forma a seguir:

> a princípio, tinha-se acesso à cidade pela Porta de Santa Luzia, ao Sul (mais tarde Porta de S. Bento) e pela Porta de Santa Catarina, ao Norte (mais tarde, Porta do Carmo), depois destruídas. As escarpas e as ladeiras (Conceição, Taboão, Preguiça e Misericórdia) protegiam o Oeste, o acesso pelo mar. Na parte Leste, ficavam os conventos e igrejas da Palma e do Desterro.

Muito mais tarde, foi construído o Dique do Tororó (MATTOSO, 1992, p. 70). As datas das construções mencionadas e descritas a seguir estão de acordo com a classificação e as observações de Germain Bazin (1983, 2. v.).

Bairro da Praia (Cidade Baixa Oeste). A ocupação da faixa à margem da Baía de Todos os Santos era, em 1730, desde a Preguiça na Freguesia da Conceição da Praia até Água de Meninos, na Freguesia do Pilar, com presença de prédios administrativos, comerciais e residenciais e duas paróquias: Nossa Senhora da Conceição da Praia (1549, reconstrução de 1739 a 1765), com altares rococós e torres mouriscas; Nossa Senhora do Pilar (1739), torres e cúpula do século XIX; bem mais adiante, o noviciado dos jesuítas, em Água de Meninos (1709); e, em Boa Viagem e Monte Serrat, as ermidas dos beneditinos (1679) e dos franciscanos (1710).

---

39. Importantes, também, são as publicações de Kátia Queirós Mattoso, Germain Bazin e de Nestor Goulart Reis Filho. Cf. Referências.

Sabemos, por exemplo, que a Companhia de Jesus, além da Igreja e do Colégio na Praça da Sé, possuía uma Quinta (onde hoje funciona o Arquivo Público do Estado da Bahia), uma casa de órfãos, onde hoje fica a Igreja de São Joaquim, na Jiquitaia (água de Meninos), e um Seminário em Cachoeira. Tanto na Quinta dos Lázaros quanto na Jiquitaia os jesuítas cultivavam hortaliças e frutas que abasteciam o colégio na cidade alta. Segundo pesquisa de Serafim Leite, os produtos cultivados na Jiquitaia eram transportados de canoa desde Água de Meninos até o porto e, dali, subiam para a cidade alta, para abastecer o Colégio, por um guindaste construído pelos padres, exatamente onde fica hoje a rua aladeirada com o mesmo nome.

Ainda, segundo a narrativa de Rocha Pita, havia **Duas Portas**, na Cidade Alta: As Portas de S. Bento, ao Sul, e as Portas do Carmo, ao Norte. Tais portas limitavam a cidade intramuros, onde se encontravam as seguintes construções: templo de N.S. da Ajuda (construído no ano de 1549, em taipa), reconstrução do século XIX; templo da Misericórdia e Recolhimento (construção de 1654 a 1659); Igreja Matriz e Palácio Episcopal (situada na Praça da Sé e destruída em 1705); Igreja de São Pedro dos Clérigos, que originariamente ficava perto do Palácio Episcopal (construída em 1709 e restaurada em 1741). Rocha Pita não cita a Ordem Terceira de S. Domingos cuja instituição é de 1723 e cuja pedra fundamental foi colocada em 1731.

Menciona, entretanto, o templo e Colégio da Companhia de Jesus (que passou por inúmeras reconstruções, a última das quais durou de 1686 a 1726)40; o Templo e Convento de S. Francisco de Assis (cuja primeira construção data de 1587, com reconstrução de 1686 a 1723). Sobre esses últimos monumentos os escritos são, primeiramente, do cronista maior da Ordem: Frei Antônio de Santa

---

40. Germain Bazin traz informações completas e detalhadas sobre o processo construtivo dos jesuítas, aliás, sobre a maior parte das construções religiosas brasileiras. Serafim Leite traz notícias detalhadas dos jesuítas na Bahia Colonial (Cf. Referências).

Maria Jaboatão, depois, dos historiadores franciscanos como Frei Venâncio Willeke, Frei Pedro Sinzig, Frei Fidélis (Carlos Ott) e Frei Hugo Fragoso[41].

Jaboatão menciona, também, a Venerável Ordem Terceira de S. Francisco de Assis (inicialmente, os terceiros ocupavam uma capela lateral na Igreja do Convento. A construção da Igreja da Venerável Ordem Terceira data de 1702 a 1703. O interior foi restaurado no século XIX, quando colocaram o piso em quadrados de mármore preto e branco, alternados e também colocaram muros e grades no pátio externo. Sobre toda a história e memória da Ordem Terceira, vale a pena conferir, também, o exaustivo trabalho de Marieta Alves (1946).

Segundo Rocha Pita, em seis bairros se dividia a Cidade Alta do Salvador, no século XVIII: Portas de São Bento, Nossa Senhora da Ajuda, o Bairro da Praça, do Terreiro, o de São Francisco, o Das Portas do Carmo. Possuía, ainda, duas praças: a do Palácio (onde se situavam o Palácio dos Governadores, a Casa da Moeda, a Casa de Relação, a Casa de Câmara e Cadeia), a do Terreiro de Jesus (onde foram construídos o Colégio e a Igreja dos Jesuítas), e o Largo de São Francisco onde ficavam a Igreja, o Convento e a Ordem Terceira de S. Francisco de Assis). Entre o Bairro da Praça e o Terreiro ficavam o conjunto da Igreja e do Recolhimento da Misericórdia e a Catedral da Sé (destruída). O conjunto da Misericórdia resguarda até hoje o conjunto da sua memória, desde seus primórdios, com rico arquivo documental, galeria dos quadros dos benfeitores e beneméritos e o próprio templo. Ademais, sua história foi levantada e publicada por Russel Wood (1981).

Além das Portas de São Bento, situava-se o Bairro de São Bento, com o Mosteiro e a Igreja dos Beneditinos (construção iniciada em 1679-1689, e conclusão no final do século XVIII), a Rua Principal (atual Av. Sete), a Igreja dos Capuchinhos de N.Sra. da Piedade, as igrejas de São Raimundo, Mercês e Rosário. Na Rua de Bai-

---

41. Cf. Referências.

xo (atual Carlos Gomes e imediações), estava instalado o Convento de Santa Tereza de Jesus (com licença para construir concedida em 1668, e inauguração em l689), as ruas da Faísca, do Sodré, Areal de Cima, Areal de Baixo e Rua do Cabeça. Na parte abaixo e atrás de São Bento (do lado contrário ao mar), ficavam a Igreja de N. Sra. da Barroquinha (com construção de 1722-1723), o Convento de N. Sra. da Conceição da Lapa (com início em 1734-1741) e Igreja da Lapa (1750-1785).

Além das Portas do Carmo (ao Norte) foram construídas a Paróquia de N. Sra. do Rosário (com construção de 1724, reformas em 1781), o Convento e Igreja do Carmo Monte Carmelo (fundados a partir de 1586 e reconstruídos no século XVII. A torre sineira é do século XIX), Igreja do SS. Sacramento, na Rua do Passo (construção de 1718, e capela-mor de 1737), Igreja Paroquial de Santo Antônio, Soledade, Barbalho, ao já mencionado Noviciado da Companhia de Jesus, atual S. Joaquim, na Jiquitaia (construída em 1709), as ermidas – franciscana, na Boa Viagem (1712-1723) e beneditina, em Monte Serrat (1679).

Para o Leste, segundo Rocha Pitta, ficava o Bairro da Palma, assim chamado por causa por causa do hospício de N. Sra. da Palma, o dos Agostinianos (1630, reconstruída em 1711. O templo atual é dos fins do século XVIII), o Bairro do Desterro, com a Igreja e Mosteiro de Santa Clara do Desterro, fundado pela Ordem Segunda de São Francisco em 1664-1681, e reformado em 1854.

Rocha Pitta descreve as **Fortalezas** que defendiam a cidade contra ataques à entrada da Barra: o Forte de Santo Antônio, atual Farol da Barra, o Forte de Santa Maria e o de São Diogo, na Praia da Barra, o Forte de S. Paulo, na Gamboa, o Forte de S. Marcelo, Forte de S. Antônio além do Carmo, Forte do Barbalho, Forte de S. Pedro, Fortaleza de Monte Serrat.

Nesta paisagem urbana colonial, do início do século XVI até meados do século XVIII, a sociedade da Bahia foi plasmada e sua memória permanece até hoje, recontada, transfigurada, mas os indícios iniciais não se perderam – resta saber reconhecê-los. A paisagem urbana soteropolitana, com suas fortalezas, igrejas, casarios, lojas e porto, foi palco das transformações políticas, econômicas e ideológicas que aconteceram na sociedade baiana colonial, das quais os religiosos das diversas ordens foram personagens importantes, até despontar a alvorada pombalina.

A mudança do foco econômico para a região mineradora, a partir do início do século XVIII, a mudança da capital da Colônia para o Rio de Janeiro em 1763 e, posteriormente, a vinda da família real em 1808, redimensionaram a economia, a sociedade, a cultura, os valores e a estética barroca, que, até então, haviam norteado o crescimento da cidade do Salvador. Considera Reis Filho (1983, p. 10):

> À primeira vista a evolução da Arquitetura no Brasil, durante o século XIX, aparece como um conjunto de fenômenos de relativa simplicidade. É fácil perceber, por exemplo, que no início do século, com o processo de independência política, os padrões barrocos, que haviam prevalecido durante o período colonial, são substituídos pelo Neoclássico, que se torna a arquitetura oficial do Primeiro e do Segundo Império, mantendo-se em uso até a Proclamação da república. Da mesma forma, não é difícil reconhecer que na segunda metade do século, com a instalação das estradas de ferro e o desenvolvimento das cidades ocorreu uma crescente influência do Ecletismo – estilo que aproveitava as formas arquitetônicas de todas as épocas e de todos os países – que passou a predominar a partir da proclamação da República.

Reis Filho se refere, mormente, ao Rio de Janeiro e a São Paulo, mas a tese é válida também para Salvador. A partir daí, essa nova ordem, neoclássica, advinda do Rio de Janeiro, e de influência francesa, passou a assinalar os sobrados, prédios públicos, até mesmo os interiores das igrejas, com suas platibandas, guirlandas, coroas, colunas monumentais e alegorias, e a conviver com os elementos ecléticos mencionados pelo autor, como é possível observar na Igreja de São Pedro dos Clérigos, na Piedade, Igreja da Ajuda, na rua do mesmo nome e a Igreja dos Mares, na Cidade-Baixa da capital da Bahia.

Sobre a arquitetura no século XIX, o mesmo autor (1983, p. 11) comenta as dificuldades de uma interpretação puramente formal, mostrando que um exame cuidadoso e menos formal, estabelecido com um quadro de referências mais amplo, revela que essa arquitetura é muito mais complexa do que parece e que a História da Arquitetura no Brasil, durante o século XIX, é, "sobretudo, a história de um país no qual engenheiros e arquitetos procuram alcançar certo nível de independência cultural e tecnológica, enquanto as condições econômico-sociais continuam a ser basicamente as mesmas do período colonial".

Conclusão

Os documentos, as obras de arte, os monumentos, a arquitetura e o traçado urbano, os objetos e documentos preservados, as fotografias, os depoimentos pessoais registrados são fontes de memória e de história. Também são fontes as crenças e os valores cultivados por determinados grupos que, depois, são transmitidos de geração em geração, resultando na memória viva da sociedade. A cidade é uma rica fonte de memória que alimenta e é alimentada pelas histórias locais. É fonte pela escolha do seu lugar de origem, ou pelo seu mapa urbano; pela sua arquitetura, monumentos, arborização, irradiação do centro histórico e consequentes mudanças nos estilos das casas, ou pelas suas igrejas, praças e cinemas.

A cidade do Salvador, na Bahia, foi a primeira capital do Brasil. Foi capital de 1549, com a chegada de Tomé de Souza até 1763, quando a sede do governo português aqui no Brasil foi transferida para o Rio de Janeiro. Talvez por isso, por não se modernizar, tenha conservado seu centro histórico e seus marcos iniciais, tais como se apresentavam no século XVIII. Muitos dos monumentos históricos citados por Rocha Pita, no século XVIII, ainda se encontram no mesmo lugar. Assim, a cidade se torna fonte viva da nossa história, se faz memória preservada e seus signos representam as condições coloniais com todas as suas contradições. Classes sociais fortemente polarizadas, espaço urbano excludente, mão-de-obra escrava, religiosidade aparente, faustosa e opulenta.

Referências bibliográficas:

ALVES, Marieta. *História da Venerável Ordem Terceira da Penitência do Seráfico Pe. São Francisco da Congregação da Bahia*. Bahia: Imprensa Nacional, 1948.

AZEVEDO, Esterzilda Berenstein de. *Arquitetura do Açúcar. Engenhos do Recôncavo Baiano no Período Colonial*. São Paulo: Nobel, 1990.

ANTONIL, André João. *Cultura e Opulência do Brasil*. Est. Bibliogr. Por Affonso Taunay; notas de Fernando Sales. Belo Horizonte: Itatiaia; São Paulo: EDUSP. 1982 (Reconquista do Brasil; nova série; v. 70).

BAZIN, Germain. *A Arquitetura Religiosa Barroca no Brasil.* v. 1. Rio de Janeiro: Record, 1983.

EQUIPE DO CENTRO DE ESTUDOS DE ARQUITETURA DA BAHIA. Cidade do Salvador em 1730. *Universitas*, n. 23, dez. 1978. p. 5-28.

FRAGOSO, Hugo (OFM) Etnocentrismo na Primeira Evangelização do Brasil. In: *Convergência*. a. XXV, n. 233, jun.1990. p. 289-303.

_____. Presença Franciscana no Brasil em Cinco Séculos de Evangelização. In: *Entre Memória e Utopia. Primeiro Capítulo Nacional da Família Franciscana*. Brasília. CEFEPAL, 1994. p.32-65.

_____. Restauração da Presença Franciscana. In: *Cadernos da Restauração*, n. 2, Salvador, Província da Imaculada Conceição. (Centenário da Restauração da Província de Santo Antônio da Província da Stª Cruz, s/d.).

FRANCASTEL, Pierre. *A Realidade Figurativa*: elementos estruturais de sociologia da arte. São Paulo: Perspectiva/EDUSP, 1973. 447 p. (Estudos, 21).

FREYRE, Gilberto. *Casa Grande e Senzala*. São Paulo: José Olympio/ Círculo do Livro, 1980. 585 p.

_____. *Novo Orbe Seráfico Brasilico ou Chronica dos Frades Menores da Província do Brasil*. v. 2. Rio de Janeiro: Brasiliense de Maximiliano Gomes Ribeiro, 1859. (Instituto Histórico e Geográfico Brasileiro).

LEITE, Serafim. *História da Companhia de Jesus no Brasil: século XVI*. Lisboa: Portucália, 1938. 10 v.

LIVRO 3 DO TOMBO E RESISTO DAS CAPELLAS QUE ADMINISTRA ESTA VENERÁVEL ORDEM TERCEIRA DA PENITENCIA DO S.P.S. FRANCISCO DESTA CIDADE DA BAHIA NOVAMENTE TOMBADAS E VINCULADOS SEOS PATRIMONIOS. AVOTSFB.

MATTOSO, Kátia M. de Queirós. *BAHIA SÉCULO XIX*: uma província no império. Rio de Janeiro: Nova Fronteira, 1992. 748 p.

PITA, Sebastião da Rocha. *História da América Portuguesa*. Belo Horizonte: Itatiaia; São Paulo: EDUSP, 1976.

REIS FILHO, Nestor G. R. *Quadro da Arquitetura no Brasil*. São Paulo: Perspectiva, 1983.

RUSSEL-WOOD, A. J. R. *Fidalgos e Filantropos*: A Santa Casa da Misericórdia da Bahia, 1550-1755. Brasília: Universidade de Brasília, 1981. (Coleção Temas Brasileiros).

OTT, Carlos. *Filosofia da Arte Portuguesa e Brasileira*. Bahia, Revista Alfa, Gráfica e Editora LTDA. 1990. 2 vol.

_____.*Pequena História das Artes Plásticas na Bahia, entre 1550-1900*. Bahia, Revista Alfa, Gráfica e Editora Limitada, 1989. 63 páginas.

SAIA, Luiz. *Evolução da Morada Paulista*. São Paulo: Acrópole Ed. s/d.

SINZIG, Frei Pedro. OFM. Maravilhas da Religião e da Arte na Igreja de São Francisco. *Revista do Instituto Histórico e Geographico Brasileiro*. Rio de Janeiro, Ed. Nacional, 1933, p. 109.

WILLEKE, Frei Venâncio (OFM); MARCINISZYN, Frei Albano (OFM); Inícios da Província da Imaculada Conceição (comemorando o tricentenário de sua ereção: 1675-1975). *Revista de História.* São Paulo, n. 100, 1974. p. 293-314.

WILLEKE, Frei Venâncio (OFM). *As Missões da Custódia de Santo Antônio: 1585/1619.* In: *Província Franciscana de Santo Antônio do Brasil.* 1657/1957. Recife. Provincialado Pernambucano, 1957 (Edição Comemorativa do Tricentenário).

_____. (Prefácio e Notas) *Livro dos Guardiães do Convento de São Francisco da Bahia (1587-1862).* Rio de Janeiro, MEC/IPHAN, 1978, 130 p.

_____.Franciscanos no Brasil. In: *Revista de Cultura/Vozes*, n. 5, a. 69, 1975. p. 29-38.

_____.Senzalas de Conventos. *Revista do Instituto Histórico e Geográfico de São Paulo.* v. 27. São Paulo, 1976. p. 355-356.

Práticas de formação, memória e história oral

NARRATIVAS (AUTO)BIOGRÁFICAS: ARTES DE CONHECER COMO PROFESSORES DE MATEMÁTICA SE CONSTITUEM PROFISSIONALMENTE

Adair Mendes Nacarato

Espaços de formação ... do lugar de onde se fala

> *O tempo, como a linguagem, sempre nos lembra que somos outros. O tempo, como a linguagem, raras vezes nos devolve a imagem de nós mesmos. Mas interrogamos ao tempo, e à linguagem, cada vez que nos perguntamos quem somos. E sempre é o não saber o que nos dá como resposta.*
>
> LARROSA, 2006, p. 200

Este trabalho insere-se no campo dos estudos biográficos e nasceu de minhas inquietações nas atividades que desenvolvo como formadora de professores que ensinam Matemática — principal foco de minha atuação profissional há mais de 20 anos.

Quem sou? Como me constituí professora e formadora de professores? Por que adentrar em outros territórios até então desconhecidos?

Essas e outras questões fizeram parte de minhas reflexões antes de iniciar a escritura do presente texto. Se acredito que, no processo de formação docente, formamos e nos formamos, (com)partilhamos saberes e práticas e constituímos nossas identidades, como trazer a constituição de professores de Matemática sem falar da minha própria constituição?

Esta crença já havia me mobilizado anteriormente, ao inserir como um capítulo em minha tese de doutorado (NACARATO,

2000) o meu memorial de formação. Isso porque o meu foco de pesquisa era a formação de cinco professoras que atuavam nos anos iniciais e, durante três anos, estivemos juntas estudando, (com)partilhando sonhos, utopias, dúvidas, incertezas, conquistas, saberes sobre o ensino de Matemática. Os relatos orais dessas professoras foram objeto de minha investigação. Uma experiência que me tocou e me transformou (LARROSA, 2002).

Assim, desde o final da década de 1990, venho, intuitivamente, trabalhando com narrativas de professores como práticas de formação. Nos últimos anos, ao constituir na Universidade São Francisco/USF, juntamente com a professora Regina Célia Grando, grupos de trabalho colaborativo com professores de diferentes níveis de ensino, minha mobilização para esse tipo de estudo foi ganhando força e sabor de *quero mais*. Nesses grupos, temos utilizado as narrativas de aulas como ferramentas para a reflexão, a sistematização e a teorização da prática docente. No entanto, a constatação de que essas narrativas precisam ser socializadas com os pares e, portanto, precisam ser publicadas, foi fundamental para que avançássemos nessas práticas formativas (NACARATO; GOMES; GRANDO, 2008; GRANDO; TORRICELLI; NACARATO, 2008).

A publicação de narrativas de aulas de professores e a utilização delas em cursos de formação — inicial ou continuada — e o reconhecimento do seu potencial formativo mobilizaram-me para aprofundar-me nos estudos biográficos. Investi em alguns ensaios, como: trabalhar com escritas de autobiografias de escolarização com alunos da graduação (cursos de Matemática e Pedagogia); produção de escritas de si por alunas do curso de Pedagogia (NACARATO, 2008); produção de narrativas de aulas com professores em projetos de formação continuada; e orientação de dissertação de mestrado, cujo foco central foi a produção de narrativas de professoras sobre o processo de aprender e ensinar geometria nos anos iniciais (MARQUESIN, 2007).

O contato com diferentes professores, bem como a leitura de trabalhos de pesquisa com docentes em início de carreira, tem-me instigado a conhecer melhor como os professores de Matemática, em especial, têm lidado com as incertezas e as inseguranças do início de carreira e o que contribui para a sua permanência ou não na profissão. Estudos como os de Rocha (2005) e Gama (2007) destacam a necessidade de um olhar mais atento ao professor nos seus primeiros anos de docência e no seu processo de constituição. Esse período traz ao profissional iniciante muita incerteza, insegurança e dificuldades para inserção numa cultura escolar, principalmente se esse jovem professor leva consigo ideias renovadoras e o desejo de fazer algo diferente. Se esse professor não contar com o apoio de um grupo, como apontado por essas autoras, ou com o apoio dos colegas da escola ou, mesmo, de ex-professores da graduação, ele poderá até desistir da carreira.

Questões como: *O que há de singular em cada professor? A sua trajetória pessoal e estudantil interfere nessas decisões? Como esses professores se constituíram?* impulsionaram-me a ir além em minhas reflexões e investigações. Assim, iniciei, no final de 2009, uma pesquisa com quatro professores de Matemática em início de carreira, com o objetivo de acompanhá-los durante os três primeiros anos de docência, em práticas de formação (com)partilhada. Durante esse período, contaremos com encontros coletivos para conversas sobre si e sobre a profissão, sobre os conflitos, as conquistas... Nessa perspectiva, concordo com Catani (2006, p. 86):

O que se pretende é, sim, chamar a atenção para o fato do que se considera vital na educação de professores, a instauração de oportunidades de reconstrução das trajetórias de vida e educação de modo a nelas encontrar os ancoradouros de escolhas que guiam nossas ações... alimentar alternativas segundo as quais possamos contar a nós mesmos, e aos outros, outras histórias sobre nós.

Para o presente texto, trago excertos das entrevistas iniciais realizadas com esses professores — três professoras e um professor — formados pela USF, no curso de licenciatura em Matemática, e que foram meus alunos nas disciplinas de Prática Pedagógica e Estágio Supervisionado. Embora tenhamos uma boa relação pessoal e profissional e os quatro se tenham disponibilizado a participar desse projeto, vou optar, neste primeiro momento, por não utilizar seus verdadeiros nomes. Trago, assim, parte das histórias de vida de Alex, Flávia, Kátia e Lilian.

Espaços de estudos biográficos ... artes de conhecer e de formar-se

Os estudos biográficos têm-se revelado um dos caminhos possíveis para a (re)construção de uma identidade docente, num movimento entre o singular e o coletivo. A reorganização das experiências — como estudantes e profissionais — e as lembranças de professores que foram marcantes na trajetória estudantil podem constituir-se num processo de (auto)formação.

Diferentes autores têm discutido o quanto o professor é influenciado por modelos de docentes com os quais conviveu durante a trajetória estudantil, ou seja, a formação profissional docente inicia-se desde os primeiros anos de escolarização. Ao longo dessa trajetória, os futuros professores apropriam-se de uma cultura de aula, de uma tradição pedagógica que, na maioria das vezes, não é tomada como objeto de reflexão. Muitos professores, em suas narrativas, trazem lembranças de docentes que os influenciaram enquanto jovens estudantes, até mesmo na escolha da profissão. Como afirma Oliveira (2000, p. 15):

> As aprendizagens situadas em tempos e espaços determinados atravessam a vida dos sujeitos. O acesso ao modo como cada pessoa se forma, como a sua subjetividade é produzida, permite-nos conhecer a singularidade da sua história, o modo singular como age, reage e interage com os seus contextos.

As narrativas (auto)biográficas podem possibilitar a análise das singularidades de professores, as formas como esses se constituíram e como se relacionam consigo e com os outros nos espaços escolares. Permitem também a (re)construção da constituição da profissão docente em diferentes tempos e espaços. Oliveira, Rego e Aquino (2006, p. 127), apoiando-se em Bruner, defendem as contribuições dos relatos para investigar a interdependência de fatores socioculturais que deram origem a combinações específicas na história de vida de cada indivíduo. As memórias pessoais são fontes valiosas para ajudar a compreender também as injunções históricas e culturais preponderantes em determinada época e contexto cultural.

Conhecer o contexto de formação dos professores é penetrar na constituição de suas identidades e subjetividades, pois o professor, ao relatar a sua história de vida, sistematiza acontecimentos significativos no seu processo de formação e subjetivação. Esse trabalho de reconstrução de si mesmo e dos repertórios da profissão tende a definir o lugar social do professor e suas relações com os outros (OLIVEIRA, 2000, p. 21).

É a possibilidade de conhecer o passado de professores, mas com olhos do presente. O passado, possibilitando questões para o presente. Há um diálogo entre essas instâncias:

> enxergamos e questionamos o passado com os olhos do presente, e o passado sempre nos coloca condições e novas questões no presente. O conteúdo das memórias sempre será avaliado com base nos recursos, imagens e idéias atuais, pois lembrar não é reviver, mas re-fazer, re-construir e re-elaborar as experiências do passado (OLIVEIRA; REGO; AQUINO, 2006, p. 128).

Se as experiências provocam mudanças identitárias, é possível, durante a formação — inicial ou continuada —, colocar o professor no movimento de olhar para si mesmo, para sua formação, a partir de situações de reflexão e problematização dos contextos históricos e políticos nos quais ele foi se constituindo, colocando em discussão determinadas práticas e projetando-se para outras. A produção no campo biográfico, como assinala Pineau (2006), passa por flutuação de sentidos, com entrelaçamento de questões. Segundo ele, "A efervescência pluri, inter e mesmo transdisciplinar do movimento biográfico apresenta várias interrogações" (p. 41). Nesse movimento, meu interesse volta-se ao campo biográfico como prática de formação. Para o autor, a utilização das histórias de vida na formação de adultos — o adulto professor —, ao mesmo tempo que possibilita que esse adulto se expresse, perturba os formadores-pesquisadores. Nessa perspectiva, reflete o autor:

> [Essa prática em formação de adultos] não oferece um novo saber-poder sobre a vida ou, pelo menos, as condições de atualização de um novo poder-saber viver, mais próximo dos atores e de seu cotidiano? Essa prática é mais do que um repertório de uma arte de viver e não se exerce e se deixa entrever ou entender a não ser na difícil e efêmera articulação entre experiência e expressão. Exercício ousado e arriscado, tanto em sua prática quanto em suas teorizações, nas fronteiras do individual, do social, do consciente e do inconsciente, do antes e do depois (PINEAU, 2006, p. 43).

Essas práticas de formação que tomam histórias de vida como possibilidade de conhecer-se a si e ao outro ainda são recentes na história de formação do professor de Matemática. No campo acadêmico, elas têm ganhado força a partir dos anos 2000, principalmente com o uso de narrativas de formação, como modos de conhecer os processos constitutivos da identidade docente, seus saberes, suas concepções, seus modos de fazer e de ensinar Matemática em sala de aula.

O que diferencia o professor de Matemática daquele que atua com outras áreas do saber? O que há de singular nessa formação e nessa constituição profissional? Viñao pode ajudar a compreender essa constituição, quando chama a atenção para a relação do professor com a disciplina que ministra:

> A disciplina é o elemento chave da profissionalização do docente, o que define o conteúdo e o espaço acadêmico de sua profissionalização. Daí, que não se pode estudá-los separadamente, como se fossem dois campos sem relação alguma, a história das disciplinas escolares e a do processo de profissionalização dos docentes. Quer dizer, a história de sua formação e titulação, de sua seleção, das matérias que ensinam, dos temas sobre os quais trabalham ou investigam e do controle que exercem tanto sobre a formação e seleção dos futuros professores de seu campo disciplinas – ou outros campos – como sobre o trabalho profissional de quem já pertence ao mesmo (o quê e como ensinam, o quê e como investigam, com quem e como se relacionam profissionalmente em seu campo disciplinar ou fora do mesmo) (id. 2008, p. 205).

Nessa perspectiva, o foco de minha pesquisa ora em desenvolvimento é compreender o processo de profissionalização do professor de Matemática, tomando sua história de vida como prática de formação e de pesquisa — ou seja, a história de vida como metodologia de pesquisa-formação (JOSSO, 2004).

Busco, dessa forma, a partir dos relatos (auto)biográficos, conhecer e compreender: as trajetórias pessoais e estudantis desses quatro professores; as escolhas que fizeram; os professores que lhes foram marcantes; como tem sido o enfrentamento dos primeiros anos como profissionais da escola básica; como mobilizam seus conhecimentos e constroem seus valores; e como modelam a sua imagem de professor de Matemática.

Espaços (auto)biográficos: artes de viver e de formar-se ... falar de si

> O narrador retira da experiência o que ele conta: sua própria experiência ou a relatada pelos outros. E incorpora as coisas narradas à experiência dos seus ouvintes.
>
> BENJAMIN, 1994, p. 201

Num primeiro momento, minha preocupação foi ouvir esses professores. Deixar que falassem sobre suas trajetórias pessoais, escolares e profissionais. Possibilitar que tomassem consciência de sua própria constituição, tomassem consciência de si. Compreendessem a construção de sua historicidade. Como diz Passeggi (2008, p. 72), "é a reflexão sobre a reflexão que oferece ao (futuro) professor as chaves para o acesso ao processo histórico de sua formação, aos conhecimentos implícitos e a novas formas de aprendizagem".

Nesse primeiro momento, o modelo de "*co-investimento dialógico*" (p. 373, grifos da autora) que propus, ocorreu entre cada professor e a pesquisadora por meio de uma entrevista aberta, em que foi disponibilizado previamente ao entrevistado um roteiro com algumas questões de interesse da pesquisa. A partir desse roteiro, os professores falaram livremente de suas histórias de vida com a entrevistadora; quando necessário, solicitava complementações, maiores detalhes sobre a história narrada ou apresentava questões para a reflexão. Foi um movimento de "busca de sentido de experiências existenciais e a compreensão de si pela mediação do outro" (PASSEGGI, 2008, p. 373).

É importante destacar que esses professores se formaram em meados de 2008 e, em 2009, assumiram, pela primeira vez, classes sob sua responsabilidade, ainda na condição de professores contratados pela rede municipal de ensino de Itatiba/SP.

Quem sou... como me tornei professor(a)
... a fala de si

Quem são esses professores? Como chegaram ao curso de Matemática? Quais os rumos que suas trajetórias foram tomando? O que essas quatro trajetórias trazem em comum?

São histórias de dificuldades e de superações: dificuldades financeiras, dificuldades com a Matemática, com os saberes escolares e com as cobranças familiares. No caso de Kátia e Lilian, é possível identificar indícios de uma sociedade marcada por questões de gênero, em que as mulheres ainda têm pouco espaço para buscar sua própria profissão. O cuidar da família e dos filhos faz com que coloquem seus projetos pessoais em planos secundários. Ambas voltaram a estudar somente depois de terem seus filhos com idade que lhes permitisse ausentar-se de casa.

Kátia, particularmente, conta que enfrentou resistências do marido, quando decidiu voltar a estudar. Com quem deixar os filhos? Seu sonho de cursar Nutrição foi interrompido — ela sofreu um acidente de carro quando ingressou na universidade, no curso que tanto almejava e, com isso, não teve condições de continuá-lo. Casou-se e só voltou à universidade tardiamente, numa escolha pela profissão marcada pelas contingências.

> *Eu falei: "Já que eu não posso fazer aquilo que é da vontade mesmo, eu faço aquilo que é da facilidade". Que eu também gostava! Eu tinha facilidade, mas eu também gostava da Matemática. E fui fazer.*
> *[...] Agora que eu tenho filho, marido, casa, a profissão que mais me cabe para conciliar tudo isso, é ser professora. Essa é a verdade!*

Diante da decisão de voltar a estudar, sua opção foi pelo magistério: *Agora que eu tenho filho, marido, casa, a profissão que mais me cabe para conciliar tudo isso, é ser professora*. Na história de Kátia, identifica-se a própria historicidade do magistério: uma profissão que se abriu às mulheres pela possibilidade de "conciliar as atividades profissionais e domésticas, devido à curta jornada de trabalho e às férias escolares" (DEMARTINI; ANTUNES, 1993, p. 8). São relatos de histórias de vida singulares, mas que revelam o que Josso (2006, p. 35, grifo da autora) chama de "arte de viver *com sabedoria*". Sabedoria de enfrentar os obstáculos e os desafios e acreditar na sua própria capacidade de superação. Como diz a autora (p. 33): "os relatos das histórias de vida nos mostram que o projeto profissional é apenas um entre outros projetos de vida tão importantes, tais como o projeto familiar e o projeto existencial de desenvolvimento pessoal com ou sem registro espiritual explícito". Ouvir as histórias de vida e de formação desses professores possibilitou conhecer e compreender as motivações, os sonhos que os levaram às decisões que tomaram. Como afirma Josso (2006, p. 27):

> Os relatos de histórias de vida permitem confirmar uma constatação importante para legitimar a importância das práticas de explicitação e de desenvolvimento de projetos de formação: o caráter extremamente heterogêneo das motivações, necessidades e desejos que dinamizam o investimento de estudantes adultos e profissionais em formação contínua.

Já convivo com esses professores há cinco anos, pois nos conhecemos e trabalhamos juntos desde o início da graduação, em 2005. No entanto, pouco conhecia de suas histórias pessoais. A história de Flávia, por exemplo — sobre a qual o espaço deste artigo não me permite estender —, comoveu-me: negra, moradora em favela em Belo Horizonte, filha de pai alcoólatra, mas que ela não abandonou em momento algum da vida, com luta e determinação, tornou-se professora de Matemática. O orgulho de ter conseguido essa ascensão social e o reconhecimento dos antigos professores é comovente. Conta, com emoção, o reencontro com um dos professores do ensino básico, quando precisou voltar à escola, em Belo Horizonte, para buscar alguns documentos — o mesmo professor que a reprovara na 6ª série, mas que, ao cursar essa série pela segunda vez, foi fundamental em sua formação e, depois, para sua escolha profissional. Ela se lembra com detalhes da primeira reprovação e de como o relacionamento entre os dois foi se modificando no ano seguinte. Daí, a emoção de reencontrá-lo:

> *Automaticamente, aquele medo que eu tinha acabou virando respeito. [...] E, quando eu voltei na escola, eu encontrei com ele. Eu encontrei com ele e ele perguntou o que eu estava fazendo, falei: "Ah, agora eu tô morando lá em Itatiba, em São Paulo". E ele: "Nossa, mas por que você foi pra tão looonge? E o que que você está fazendo, trabalhando com o quê"? Falei assim: "Ah, agora vou virar professora, falei assim, eu fiz vestibular e passei, vou fazer Matemática". E ele: "Não acreditooo! Nossa! Tanto que você apanhou na minha matéria! E agora você vai dar aula DELA!". Falou assim: "Você lembra que eu te falava que você tinha que insistir, que você tinha que estudar, que independente do que você fosse fazer você ia se sair bem"? E foi muito bom esse reencontro, foi muito bom, foi gostoso.*

Encontros e reeencontros. Flávia reencontrou-se com o professor que foi marcante na sua escolha profissional. Alex também, ao conseguir suas primeiras aulas, reencontrou-se com seu antigo professor na mesma escola em que estudara. Professor que tanto o marcou pelo lado negativo. Esse professor o apelidou de cigano, por Alex ser inquieto e querer fazer novos amigos, pois acabara de chegar à cidade.

> Aí ele falou um dia que eu parecia cigano, que eu era pior que cigano, que não tinha parada. Primeiro ele falou assim: "Você estava no Paraná, foi pra Campinas, está em Jarinu; agora está em sala de aula e você não consegue parar! Olha o cigano, o cigano entrou em sala".

Numa de suas implicâncias com Alex, esse professor lhe disse que ele não teria chance para nada na vida, de chegar até o ensino superior, até mesmo por suas condições financeiras — Alex, assim como sua família, trabalhava na agricultura.

As histórias desses quatro professores são histórias de dificuldades, mas também de conquistas, pois só conseguiram cursar a universidade porque obtiveram bolsa de estudos, dentro do programa Prouni ou por meio da ONG Educafro, voltada aos afrodescendentes. Essas dificuldades e as conquistas alcançadas, com certeza, foram fundamentais para a constituição da subjetividade desses professores.

Flávia e Alex, desde a escola básica, já tinham feito a opção pela carreira de professor de Matemática; Lilian pensou inicialmente em Pedagogia, mas também acabou optando por Matemática, por avaliar que era uma área em que faltavam professores. Foi uma escolha muito mais voltada ao contexto daquele momento; Kátia, como já destacado, tornou-se professora de Matemática por contingências da vida. Para Rego, Aquino e Oliveira (2006, p. 273):

> As memórias pessoais organizadas em depoimentos autobiográficos, nos quais os sujeitos analisam e comentam seu percurso individual, são fontes valiosas no esforço de reconstruir e compreender tanto os inúmeros aspectos presentes no processo de constituição da história de cada sujeito, quanto as injunções históricas e culturais dominantes em determinada época e contexto cultural.

Cada um desses professores traz, de suas trajetórias, lembranças que foram marcantes em sua constituição profissional. Alex, inconscientemente, teve que mostrar a si mesmo que seria capaz de ser alguém. Flávia decidiu-se pela carreira docente em virtude do professor de Matemática que tanto a marcara na 6ª série. Kátia lembra-se com carinho do seu professor de Matemática — o professor Levy —, responsável pelos sólidos conhecimentos matemáticos adquiridos na escola básica.

O período da graduação também foi marcado por dificuldades. Oriundos de escolas públicas, esses professores traziam grandes defasagens de conhecimentos. No que diz respeito à Matemática, Flávia foi a que mais sofreu, mas, segundo ela, os amigos do curso muito a ajudaram, e os professores, ao perceberem suas dificuldades, lhe deram muita atenção. Kátia e Lilian também se assustaram no início, mas conseguiram entrar no ritmo. Alex era muito bom em Matemática, mas com sérias dificuldades na escrita. Talvez a escola pública não lhe tivesse dado os subsídios necessários para os processos de escrita. Toda a sua vida foi marcada por desafios:

> Li bastante. Até mesmo os livros... Foi aquele... pedido pela graduação. E livros à parte. Comecei a ler sem parar. Tinha dia em que eu amanhecia o dia lendo, minha mãe ficava assim, tremendamente nervosa, porque acordava de madrugada e eu estava com um livro na mão. Começava a trabalhar, na hora do almoço, eu almoçava e voltava pra leitura...

O ingresso na carreira... novos desafios

Como tem sido usual nos dias atuais, esses professores também se inseriram na profissão antes do término da graduação. Alex, no seu segundo ano, já atuava como professor eventual — sem vínculo empregatício e chamado para substituir, em qualquer disciplina, professores que faltaram no dia —; as três professoras iniciaram na profissão no último ano da graduação.

Seus relatos são marcados pela tensão desse ingresso no magistério. São as desconfianças dos gestores diante dos novos professores que não têm "domínio de classe". Lilian, Kátia e Alex deram depoimentos nesse sentido. Todos quiseram inovar em suas aulas, trabalhar em grupos, por exemplo, mas os alunos não estavam acostumados. Isso gerou indisciplina na sala de aula e os professores tiveram a atenção chamada pelos diretores. Alex relatou as desconfianças por parte do diretor em seu primeiro ano de trabalho:

> Um dia o diretor passou na frente da minha sala e os alunos estavam entrando, eles estavam formando grupo. O diretor entra e pergunta se há um professor na sala. "Vamos terminar com essa bagunça aqui?" E começa a chamar a atenção dos alunos, esqueceu da presença do professor. Eu entrava na sala de aula, um minuto após o diretor estava na porta da minha sala.

Outro tipo de problema — do qual Flávia é um bom exemplo — também faz parte do momento inicial na carreira dos professores. Ela se sentiu discriminada na escola em que ingressou. Não teve apoio de ninguém, teve que apropriar-se das rotinas da escola por conta própria. Ouvia falar em "semanário", mas ninguém lhe informou do que se tratava nem lhe deu orientações de como fazer. Segundo ela, *o mais interessante, além de não orientar, não me cobravam. Não me cobraram, não me davam recado de nada [...] ninguém nunca falou nada pra minha pessoa, eu ficava na minha.* E, dessa forma, Flávia trabalhou durante um ano. As informações que obtinha vinham por meio dos colegas de outras escolas, que também haviam ingressado na rede municipal naquele ano, principalmente Kátia e Lilian.

Kátia também relata sua indignação diante de algumas práticas existentes na escola, como, por exemplo, a aprovação automática dos alunos. Estes, segundo ela, conhecedores do fato de que serão aprovados, independente da nota, não se interessam pelas atividades de sala. Conta que, em seu primeiro conselho de classe, o gráfico de rendimento de seus alunos estava muito diferente do que apresentavam os demais colegas. Como diz ela, *estava quase tudo vermelho!* Isso gerou cobranças que a incomodaram.

> *Você faz tanta coisa, e aí tem um monte de vermelha, porque* [o aluno] *não tenta, não sabe nada, não faz nada. Aí te falam assim: "o que que você vai fazer pra melhorar"? O que eu posso fazer mais do que eu já estou fazendo? Eu já estou fazendo... Eu acho que eu já estou dando o melhor de mim. Só se eu der... É isso que eu tenho que fazer? Tem que dar a nota pra eles? E eu sou meio bocuda e eu falo e eles não gostam... Não é assim que você tem que fazer. Não é dar a nota... Mas é, não é?! Eu acho injusto com o próprio aluno. Com aquele que se esforça. Tem uns que têm dificuldade, mas dá o melhor dele... E faz...*

Assim, esses professores vão buscando seus próprios caminhos, vão acertando em alguns momentos, errando em outros, arriscando, avaliando..., mas vão conseguindo conquistas, o que os mobiliza a continuar na profissão — pelo menos por ora.

Concordo com Demartini (2008, p. 44):

> É essa riqueza de experiências e conhecimentos que educadores e educandos constroem ao longo de suas trajetórias o que efetivamente constituem as histórias da educação de cada escola, de cada contexto, de cada época; é através delas que se pode visualizar como as propostas e determinações do Estado (leis, decretos, planos etc.) foram sendo apropriadas, criticadas, reformuladas, rejeitadas, e, nunca, implantadas *"in totum"*.

Conhecer esses professores e como eles vêm constituindo suas identidades profissionais nas escolas da cidade de Itatiba possibilita-me conhecer suas histórias e aproximar-me deles, das culturas escolares e da cultura profissional de cada um. O que eles valorizam, a forma como se apropriam das determinações externas à escola, o modo como naturalizam práticas sem questioná-las... enfim, possibilitam-me ter outros olhares para a formação docente, atribuir outros sentidos e significados ao *ser professor* no atual contexto. Demartini (2008, p. 49) chama a atenção "para a importância do olhar sobre o 'outro' que nos é contemporâneo, e sobre o 'outro' que está distante de nós no espaço, ou no tempo, e das possibilidades de análises e formação que nos permitem estabelecer".

Nesse movimento singular e coletivo, eles vão se constituindo profissionalmente e eu também vou me constituindo como formadora de professores.

Referências bibliográficas

BENJAMIN, Walter. *Obras escolhidas*. Magia e técnica, arte e política. Trad. Sérgio Paulo. 7. ed. São Paulo: Brasiliense, 1994.

CATANI, Denice B. A autobiografia como saber e a educação como invenção de si. In: SOUZA, Elizeu C.; ABRAHÃO, Maria Helena M. B. (Org.). *Tempos, narrativas e ficções*: a invenção de si. Porto Alegre: EDIPUCRS, 2006. p. 77-87.

DEMARTINI, Zeila de Brito Fabri; ANTUNES, Fátima F. Magistério primário: profissão feminina, carreira masculina. *Cadernos de Pesquisa*, São Paulo, n. 86, 1993. p. 5-14.

DEMARTINI, Zeila de Brito Fabri. Das histórias de vida às histórias de formação. In: SOUZA, Elizeu C.; MIGNOT, Ana Chrystina V. (Org.). *Histórias de vida e formação de professores*. Rio de Janeiro: Quartet; Faperj, 2008. p. 39-63.

GAMA, Renata Prenstteter. *Desenvolvimento profissional com apoio de grupos colaborativos:* o caso de professores de Matemática em início de carreira. 2007. 240 p. Tese (Doutorado em Educação: Educação Matemática) — Universidade Estadual de Campinas, Campinas- SP.

GRANDO, Regina C.; TORICELLI, Luana; NACARATO, Adair M. (Org.). *De professora para professora*: conversas sobre iniciAção Matemática. São Carlos: João & Pedro Editores, 2008.

JOSSO, Marie-Christine. *Experiências de vida e formação*. São Paulo: Cortez, 2004.

JOSSO, Marie-Christine. Os relatos de histórias de vida como desvelamento dos desafios existenciais da formação e do conhecimento: destinos sócio-culturais e projetos de vida programados na invenção de si. In: SOUZA, E. C.; ABRAHÃO, M. H. M. B. (Org.). *Tempos, narrativas e ficcções*: a invenção de si. Porto Alegre: EDIPUCRS, 2006. p. 21-40.

LARROSA, Jorge. Notas sobre a experiência e o saber de experiência. *Revista Brasileira de Educação*, n. 19, jan./fev./mar./abr. 2002. p. 20-28.

LARROSA, Jorge. Ensaio, diário e poema como variantes da autobiografia: a propósito de um "poema de formação" de Andrés Sánchez Robayna. In: SOUZA, Elizeu C.; ABRAHÃO, Maria Helena M. B. (Org.). *Tempos, narrativas e ficções*: a invenção de si. Porto Alegre: EDIPUCRS, 2006. p. 183-202.

MARQUESIN, Denise Filomena Bagne. *Práticas compartilhadas e a produção de narrativas sobre aulas de Geometria*: o processo de desenvolvimento profissional de professoras que ensinam Matemática. 2007. 242p. Dissertação (Mestrado em Educação) — Universidade São Francisco, Itatiba/SP.

NACARATO, Adair M. *Educação continuada sob a perspectiva da pesquisa-ação*: currículo em ação de um grupo de professoras ao tentar aprender ensinando Geometria. 2000, 323p. Tese (Doutorado em Educação: Educação Matemática) — Faculdade de Educação, Universidade Estadual de Campinas, Campinas, SP.

NACARATO, Adair M.; GOMES, Adriana A. Molina; GRANDO, Regina C. (Org.) *Experiências com geometria na escola básica*: narrativas de professores em (trans)formação. São Carlos: Pedro & João Editores, 2008.

_____. Formação matemática da professora das séries iniciais: relatos autobiográficos como práticas de formação. In: *CONGRESSO INTERNACIONAL SOBRE PESQUISA (AUTO)BIOGRÁFICA*, 3., 2008, UFRN, Natal.

OLIVEIRA, Valeska Fortes. A formação de professores revisita os repertórios guardados na memória. In: OLIVEIRA, Valeska Fortes (Org.). *Imagens de professores*: significações do trabalho docente. Ijuí: Unijuí, 2000. p. 11-23.

OLIVEIRA, Marta K.; REGO, Teresa C.; AQUINO, Julio G. Desenvolvimento psicológico e constituição de subjetividades: ciclos de vida, narrativas autobiográficas e tensões da contemporaneidade. *Pro-Posições*, v. 17, n. 2(50), maio/ago.2006. p. 119-138.

PASSEGGI, Maria da Conceição. Figuras antropológicas da mediação biográfica na formação docente. In: EGGERT, Edla et al. *Trajetórias e processos de ensinar e aprender:* didática e formação de professores. Porto Alegre: EdiPUCRS, 2008. p. 372-388.

PINEAU, Gastón. As histórias de vida como artes formadoras da existência. In: SOUZA, Elizeu C.; ABRAHÃO, Maria Helena M. B. (Org.). *Tempos, narrativas e ficções:* a invenção de si. Porto Alegre: EDIPUCRS, 2006. p. 41-59.

REGO, Teresa Cristina; AQUINO, Julio Groppa; OLIVEIRA, Marta Kohl. Narrativas autobiográficas e constituição de subjetividades. In: SOUZA, Elizeu Clementino. *Autobiografias, histórias de vida e formação*: pesquisa e ensino. Porto Alegre: EDIPUCRS, 2006. p. 269-286.

ROCHA, Luciana. P. **(Re)** *constituição dos saberes de professores de Matemática nos primeiros anos de docência*. 2005. 169p. Dissertação (Mestrado em Educação: Educação Matemática). — Faculdade de Educação, Universidade Estadual de Campinas, Campinas/SP.

VIÑAO, Antonio. A história das disciplinas escolares. *Revista Brasileira de História da Educação*, n. 18, set./dez. 2008. p. 173-215. Campinas, SP: Autores Associados.

Narrativas de licenciandos de matemática participantes em grupo de estudos

Carmen Lúcia Brancaglion Passos

Introdução

A produção escrita de licenciandos tem-se mostrado ferramenta valiosa na formação docente e a escrita narrativa de professores que atuam em sala de aula, por meio da publicação de textos, relatos e reflexões, tem sido considerada importante no âmbito político, pois promove divulgação que contribui com práticas de outros professores e com a formação de novos. A valorização das narrativas de professores vem fazendo parte do movimento que busca, cada vez mais, formar docentes reflexivos. Licenciandos do curso de Matemática, ao projetarem na futura prática situações vivenciadas durante os estágios, têm revelado elementos da base do conhecimento para o ensino. Os textos narrativos, como instrumentos de pesquisa, possibilitam identificar, compreender e analisar o processo de produção de conhecimento de licenciandos e de professores de matemática relativos à prática docente e a etapas do desenvolvimento profissional. Será nessa perspectiva que desenvolveremos as considerações do presente artigo.

Primeiramente, os procedimentos metodológicos e os objetivos da investigação, buscando compreender as relações entre as primeiras vivências da prática de licenciandos em Matemática e o conhecimento; a seguir, o processo de produção de conhecimento; finalmente, o que aprendem quando realizam estágio supervisionado.

A produção de narrativas de futuros professores sobre suas aprendizagens e sobre determinadas atuações didáticas é entendida como um processo de reflexão pedagógica que permite a eles compreender as consequências de sua atuação, criar novas estratégias de ensino e a nós, revela elementos da base do conhecimento e indícios de desenvolvimento profissional.

Na sequência serão feitas considerações teóricas sobre o desenvolvimento profissional de professores e sobre suas narrativas, seguidas da análise das narrativas produzidas por uma das participantes do estudo, evidenciado que, quando escritas sobre as aprendizagens vivenciadas durante estágio supervisionado, revelam conhecimentos produzidos durante a formação inicial.

Enquadramento metodológico

Para a coleta e análise de dados, pautamo-nos nos estudos que tomam a produção de textos narrativos como processo de reflexão pedagógica que pode permitir ao professor, "à medida que conta uma determinada situação, compreender causas e conseqüências de atuação, criar novas estratégias num processo de reflexão, investigação e nova reflexão" (GALVÃO, 2005, p. 343).

Os textos narrativos possibilitam identificar, compreender e analisar como se dá o processo de produção de conhecimento ainda na formação inicial. Uma pessoa, quando produz narrativas, pode destacar situações positivas ou negativas, reforçar influências que tenham muitos significados.

Para Galvão (2005, p. 343), a narrativa constitui um processo de interação com o outro, o que nos leva a compreender:

qual o papel de cada um de nós na vida dos outros. A interação com um grupo de pessoas ao longo de vários anos proporciona ao investigador um maior conhecimento de si próprio, pela reflexão sobre o efeito que as suas atitudes provocam nos outros, ao mesmo tempo em que obriga a equacionar aprendizagens, a reconhecer limites pessoais e a redefinir modos de agir.

Participantes desse estudo são licenciandos de um curso de Matemática que, durante dois semestres, cursaram disciplinas de Estágio Supervisionado. Optamos, no presente artigo, por apresentar as narrativas de apenas uma licencianda: Dre. As vivências durante o estágio eram compartilhadas em reuniões coletivas, quando se discutia e refletia-se sobre as experiências, as práticas observadas. Os licenciandos expunham suas angústias e perspectivas quanto à carreira docente e realizavam estudos teóricos a partir das demandas de cada um. Estes momentos passaram a ser considerados reuniões de grupo de estudo, momento em que os participantes contribuem nas discussões dialogando com os referenciais teóricos. Foram-lhes solicitadas a produção de narrativas do vivido no ambiente escolar e reflexões sobre suas aprendizagens. Na análise, procuramos identificar conhecimentos produzidos durante esse processo.

Na perspectiva de Powell (2001), a reflexão sobre as experiências matemáticas, mediada pela escrita, pode levar alunos e professores a pensar criticamente sobre suas próprias idéias, desencadeando um processo metacognitivo.

A escrita pressupõe o consequente processo de leitura, o que nos leva a considerar o que afirma Galvão (2008, p. 3):

> a análise de uma História, narrativa com características especiais, que inclui uma acção contextualizada, em que há protagonistas, uma sequência temporal e um início, um meio e um fim, permite-nos entrar em significados diferentes e

aprofundar o que é dito e o que está por detrás do que se diz. Todas as histórias são narrativas, mas nem todas as narrativas são histórias.

A autora ressalta a importância da leitura completa de uma narrativa: "é preciso saber o antes e o depois, as razões para que esta história tenha importância na investigação e o que fizemos com ela. Porque a narrativa também estabelece pontes e permite desencadear novas questões de investigação".

Desenvolvimento profissional de professores e narrativas de professores

As narrativas expressam experiências, memórias e reflexões vividas e, no caso dos futuros professores, tornam-se importante instrumento para que possam difundir o conhecimento produzido no cotidiano – que passa a ser valorizado. Segundo Prado, Cunha e Soligo (2006, p. 29), "é também por isso que nós, educadores, precisamos escrever. Para tomar consciência do quanto sabemos e nem sabemos que sabemos. E do quanto ainda não sabemos, mas podemos com certeza aprender."

Destacamos a importância de o professor em formação refletir sobre a docência, como indicam Gauthier et al. (1998): conhece-te a ti mesmo. As narrativas das memórias de formação seriam uma forma de o professor revelar o que pensa sobre seu ofício, principalmente quando em início de carreira; ou em uma nova fase da carreira, que lhe causa tantos ou mais desafios do que seu início.

O ato de escrever narrativas ou narrar episódios de suas experiências de aula revela aprendizagens da docência muito significativas para os futuros professores. Contudo, como apontado por Galvão (1998), precisamos ter clareza de que há diferenças entre narrativa e história.

A análise da potencialidade das narrativas para investigar o conhecimento profissional de professores exige que olhemos para o todo de uma narrativa. Por exemplo, é necessário procurar diferentes dimensões da formação do professor/narrador transcritas na narrativa; suas crenças anteriores à prática; o confronto com a realidade vivenciada na prática profissional e com as experiências que estiver vivenciando. Segundo Cortazzi (1993, apud GALVÃO, 1998), as histórias de professores possibilitam-nos ouvir suas vozes e começar a entender a sua cultura a partir do seu ponto de vista. O mesmo pode ser dito sobre os futuros professores.

Carter (1993 apud GALVÃO, 1998) considera que o interesse nas histórias de professores tem origem na reflexão em ação, nos argumentos práticos e na consideração dos professores vistos como investigadores. Segundo Carter, as histórias contadas aos pesquisadores não seriam aquelas que os professores contariam espontaneamente aos colegas. Nessa perspectiva, Cortazzi (1993 apud GALVÃO, 1998, p. 123) diz que os professores passam boa parte do tempo conversando uns com os outros; contam histórias de quando eram estudantes, de acontecimentos de aulas, mas essas histórias, importantes para entender a sua cultura do seu ponto de vista deles, têm sido negligenciadas pela investigação.

Escrever sobre as próprias experiências formadoras é contar para si mesmo a própria história. Josso (2004, p. 48) afirma que nesse processo são revelados valores que se atribuem ao:

> [...] "vivido" na continuidade temporal do nosso ser psicossomático. Contudo, é também um modo de dizermos que, neste *continuum* temporal, algumas vivências têm uma intensidade particular que se impõe a nossa consciência e delas extrairemos as informações úteis às nossas transações conosco próprios e/ou com o nosso ambiente humano e natural.

Ainda segundo a autora, para compreender a construção da experiência, observam-se três modalidades de elaboração:

- "ter experiências": vivências de acontecimentos que ocorreram durante a vida e se tornaram significativos, sem terem sido provocados;
- "fazer experiência": vivências que nós próprios provocamos; criamos, de propósito, as situações para fazer experiências;
- "pensar sobre as experiências": tanto sobre aquelas que tivemos sem procurá-las, quanto sobre aquelas que nós mesmos criamos.

Para Josso (2004), os contextos em que vivemos as experiências de "ter e fazer" são de interações e de transações conosco, com os outros, com o ambiente natural ou com as coisas — portanto, mais localizados; o "pensar sobre" tem caráter mais geral, pois colocamo-nos diante de outras experiências de nossa vida, estabelecendo novas relações e novos significados que nos servem de interpretação.

As vivências provenientes das experiências trarão "alargamento do campo da consciência, a mudança, a criatividade, a autonomização, a responsabilização e estão inscritas nos processos de aprendizagem, de conhecimento e de formação" (JOSSO, 2004, p. 51).

Qual a finalidade de evocar o vivido em um processo formativo de professores de Matemática? Em nossa concepção, a partir desses elementos conseguimos analisar os argumentos teórico-práticos desses futuros professores a respeito das transformações curriculares e do seu desenvolvimento profissional quando estão no movimento de assumirem as primeiras responsabilidades de elaboração de planos de aula, de investigar conteúdos e métodos de ensino e de colocarem em prática aulas em turmas "reais" de alunos.

Na perspectiva teórica aqui assumida, a trajetória vivida durante as atividades de estágio não determina, mas representa uma importante condição do contexto do qual o licenciando retira o material para a construção da sua maneira pessoal de lidar com a futura profissão. Como indica a literatura estudada, o recurso das narrativas permite a explicitação e a reflexão sobre o que chamamos de episódios marcantes. São situações que envolvem carga emotiva intensa, trazem à memória emoções positivas ou negativas para quem as vivenciou e representam, algumas vezes, momentos decisivos para mudanças, transformações, etc.

Uma evidência dessa perspectiva está retratada na narrativa de Dre, quando analisa o que foi ter realizado o estágio naquele semestre em comparação ao anterior, realizado na mesma escola:

Este estágio foi bastante diferente dos realizados nos anos anteriores. Primeiramente porque acompanhei três professores e pude observar como a postura do professor influência a classe. Como fiz estágio ano passado também lá, observei alunos que no ano anterior não davam trabalho se tornando em alunos bagunceiros e desinteressados. Outro diferencial é que acompanhei salas de quinta a oitava séries e pude observar como é o processo de aprendizagem. Eu não tinha tido contato com quinta e sexta séries até o momento. Nos estágios passados já tinha pontuado que os alunos apresentam muitas dificuldades em conceitos básicos que deveriam ter sido aprendidos nos anos anteriores. Neste estágio obtive mais informações, o que me fez compreender melhor o que acontece. Nas series iniciais o conteúdo é passado e não ensinado. Tem-se um ensino mecânico e baseado no desenvolvimento da memória e capacidade de executar algoritmo. Depois, nas sétimas e oitavas os alunos precisam desses conceitos, mas aí como não aprenderam, somente decoraram não conseguem lembrar como fazer. (...) Não era incomum presenciar a mesma aula na quinta e na sétima série. Acredito que esta postura é persistir no erro. Se o aluno não aprendeu na quinta serie não seria mais interessante e proveitoso que fosse tentado ensinar de uma maneira diferente para eles? Os professores reclamam que o tempo de aula não é suficiente para todo o conteúdo e geralmente correm com a matéria. Acredito que a partir do momento que se investe mais tempo para proporcionar uma aprendizagem significativa se ganha tempo posteriormente quando não se precisa ficar retomando pré-requisitos. A cada ano os alunos vão acumulando mais falhas. Eles não sabem regra de sinais na quinta série e consequentemente na sexta não sabem equação de primeiro grau e depois na oitava não sabem equação de segundo grau. Parece que vai se formando uma bola de neve e quanto mais elevada a série que o professor ensina maior é o problema. Imagino como deve ser complicado ensinar matemática no ensino médio onde os conceitos já não são tão elementares como anteriormente.

As situações inesperadas obrigam à reflexão e/ou à ação, que aparecem como comentários sobre a importância de determinado aspecto metodológico ou conceitual; como considerações sobre dificuldades enfrentadas ou sobre mudanças no plano durante a ação, suas causas e justificativas; ou, ainda, como considerações posteriores à ação sobre as mudanças que poderiam ser implementadas.

Como mostram outros estudos nas áreas da Educação e Educação Matemática, a experiência da maioria dos futuros professores que ensinarão matemática em situações de estágio está associada a um ensino tradicional, baseado num modelo de ensino/aprendizagem transmissivo, como o narrado por Dre, que tenta romper com essa tendência, apresentando críticas ao vivido.

Ensino de matemática, formação de professores e produção de narrativas

Skovsmose (2005) alerta sobre o evidente descompasso entre o modo como a informação e o conhecimento são hoje produzidos socialmente e as práticas da educação formal propiciadas pela escola. Estas não têm acompanhado as transformações da sociedade. Evidência disso pode ser identificada nas narrativas de Dre.

Diferentes reformas propostas não têm dado conta de abarcar as necessidades profissionais dos professores; não houve investimentos efetivos em sua formação contínua, embora se tenha gastado muito dinheiro com diferentes programas de formação. Vários destes não atendem às condições do trabalho dos professores para que eles se possam desenvolver e promover mudanças curriculares a partir da própria prática.

O ensino de Matemática é visto neste artigo como uma alternativa didático-pedagógica de ensino significativa por contemplar, ao mesmo tempo, aspectos conceituais, procedimentais e atitudinais em relação a esse conhecimento. Rompendo com o descompasso apontado por Skovsmose, pode-se dizer que as explorações/investigações matemáticas teriam papel importante no processo de produção/criação do conhecimento matemático; um ambiente de formulação de conjecturas ou hipóteses, testadas e verificadas ou mediadas por diferentes mídias, passando por processos de negociação e validação.

Diante desse desafio e considerando que a educação básica tem como pressuposto formar para a cidadania, para que cada indivíduo possa atuar no mundo real e global, deparamo-nos com a complexidade de ensinar Matemática a essa população. Os desafios colocados ao licenciando são semelhantes aos do professor em serviço: que Matemática pode ser ensinada de modo a incorporar a dimensão sociocultural? Como conquistar esses alunos para que valorizem a educação científica, a cultura escolar, a sociedade de que partilham e para que se comprometam com o próprio aprendizado? São questões complexas que temos procurado debater durante a formação inicial de professores.

Observa-se que o currículo convencional não tem atendido a estas expectativas. É considerado pouco interessante e pouco relevante pelos alunos, muitas vezes centrado na mecanização de fórmulas e algoritmos, como mencionado na narrativa da licencianda Dre.

Como Mizukami (2004, p. 290) explica, a base de conhecimento para o ensino é abrangente e "consiste de um corpo de compreensões, conhecimentos, habilidades e disposições necessárias" para que o professor possa exercer sua profissão, promovendo aprendizagens significativas. Se, para ser professor de Matemática, é preciso saber matemática, não é menos verdade que, para ser professor, é preciso um *conhecimento profissional* que envolve mais do que o conhecimento relativo à disciplina que lecionará: o conhecimento didático, do currículo e dos processos de aprendizagem.

São muitos os trabalhos publicados que assumem a grande relevância do conhecimento e as práticas profissionais dos professores de Matemática, com especial atenção para as práticas pedagógicas. São também diversos os estudos sobre a formação e, muito em especial, sobre o desenvolvimento profissional dos professores, numa lógica de reflexão e investigação sobre as práticas. Desses estudos, alguns tomam como tema principal a *reflexão sobre a prática*. É o caso daqueles que partem da observação, do questionamento, da discussão e da teorização sobre a prática pedagógica. Há que se considerar ainda aspectos relacionados ao envolvimento pessoal e emocional que o professor estabelece em sua prática.

A escrita de narrativas sobre a experiência vivida por licenciandos de Matemática pode desencadear e revelar aspectos de seu devenvolvimento profissional, emoções e sentimentos; por isso as escolhemos para compor a presente pesquisa.

Fiorentini (2001, p. 22) assinala que "o processo de formação e constituição profissional do professor resulta basicamente de duas perspectivas interdependentes: uma pessoal e outra social"; a primeira delas atende a uma aspiração ou desejo interno e particular de cada um de ser professor; a segunda, externa ou social, refere-se aos programas e às instituições de formação do professor, que se baseiam num conjunto de práticas e saberes reconhecidos publicamente como fundamentais à formação profissional do professor. Segundo este autor, apesar do consenso de que essas instâncias são interdependentes, e não é possível a formação pessoal, informal e prática sem a concomitante formação social, formal e teórica, alguns programas de formação e algumas políticas públicas parecem conceber dicotomicamente esses processos, como se fossem independentes um do outro. Consideramos possível promover desenvolvimento curricular e desenvolvimento docente tendo como cenário práticas didático-pedagógicas de natureza exploratório-investigativas. Concebemos tarefas exploratório-investigativas como problemas abertos, que possibilitam aos alunos e aos professores produzir múltiplos significados, levantar conjecturas ou hipóteses e explorar relações de acordo com as possibilidades cognitivas de cada um.

Alrø e Skovsmose (2006, p. 55-56) defendem a substituição do "paradigma do exercício" nas aulas de Matemática por um ambiente de aprendizagem diferente, que denomina "cenários para investigação". Cenários abertos em que os alunos podem formular questões e planejar linhas de investigação de forma diversificada. "'O que acontece se...?' deixa de pertencer apenas ao professor e passa a poder ser dito pelo aluno também".

Esta mudança implicaria, na perspectiva de Schon (1983), em um professor "prático reflexivo" e investigador, pois uma prática que dê poder aos alunos como agentes epistemológicos depende de os professores operarem também nesse nível. Procuramos, durante a formação inicial no curso de Matemática, proporcionar práticas formativas que colocassem os licenciandos nesse movimento de ação e reflexão constante, acreditando que com isso se poderiam atingir os objetivos sociais mais importantes da educação matemática.

A dificuldade dos alunos aparece nas narrativas de Dre quando comenta o que vivenciou na sala de aula com relação ao conteúdo de álgebra. Ao narrar sobre esse aspecto, ela revela elementos do conhecimento pedagógico geral, que compõem a base de conhecimento para o ensino (MIZUKAMI, 2004) que está sendo construído na sua formação inicial, aliados com as experiências da prática, mesmo que em condição de estagiária.

As dificuldades dos alunos em Álgebra ficaram evidentes nas oitavas séries. Os alunos se sentem frustrados e a álgebra para eles se torna sem sentido. Eles não compreendem porque tem horas que deve se trocar o sinal ou simplificar e ai os procedimentos se tornam inimagináveis. Na verdade, muitos alunos não sabem o que significa variável. Quando ao resolver uma equação eu pedia para conferir o resultado eles não sabiam que bastava substituir o valor na expressão e não entendiam porque ao dar zero o resultado estava correto. Reduzir o ensino de álgebra a manipulação de fórmulas ela se torna algo sem sentido. Busquei proporcionar um ensino mais significativo e sempre que era possível retomar as falhas dos alunos. Acredito que deve ser estimulada nos alunos esta mudança de postura mesmo que inicialmente se encontre algumas barreiras.

As reflexões transcendem o domínio da área de Matemática e incluem aportes teóricos que sustentam sua análise, incluem ainda conhecimentos de objetivos, metas e propósitos educacionais, de ensino e aprendizagem, de estratégias metodológicas amparadas pelos referenciais estudados no curso, de manejo da classe, de interação com alunos, próprios do conhecimento pedagógico geral:

> É interessante como tudo que se faz na escola interfere na aprendizagem do aluno, em particular nas provas. Uma das coisas que mais me chocaram foram as avaliações. Fiquei assustada pois, mesmo as avaliações sendo parecidas com os exercícios do livro e a recuperação ser idêntica a prova, os alunos tenham médias baixas. Percebo que os professores nivelam por baixo. (...) O ensino chegou a um ponto que os alunos apresentam barreiras em aprender. (...) As aulas não são dialogadas e os alunos não são questionados. Acredito que com aulas assim se perde muito. Como diz Ponte (2005) "uma estratégia de ensino envolve usualmente diferentes tipos de tarefas, articuladas entre si. Um único tipo de tarefa dificilmente atingirá todos os objetivos curriculares valorizados pelo professor". E até mesmo esta forma tradicional de se ensinar

não é bem aproveitada. *Não condeno o ensino tradicional, muito pelo contrário, penso que existem aulas tradicionais excelentes. O problema é organizar esta aula. Como os alunos não são questionados suas atividades ficam perdidas e se resumem a manipulação de formas e execução de algoritmo. No livro existem exercícios ótimos, mas não são explorados. Acreditar que no livro está tudo o que é necessário e que só seguindo ele a aprendizagem acontecerá é ingenuidade. Como diz Ponte (2006) "não basta selecionar boas tarefas – é preciso ter atenção ao modo de as propor e de conduzir a sua realização na sala de aula" e cabe ao professor este papel. Passar inúmeros exercícios repetidos empobrece o ensino e se perde a* [oportunidade da] *satisfação de dever cumprido quando os alunos realmente aprendem.*

As narrativas escritas por Dre sobre suas aprendizagens e os conhecimentos produzidos por ela durante a formação revelaram o modo como ela pensa a organização da aula e a interação que teria com os alunos. A vivência que teve com professores, ainda que com muitos anos de magistério, não os revelaram como professores de sucesso em sua prática docente.

Ficou evidente que para o sucesso profissional não basta somente saber o conteúdo. Todos os professores apresentam confiança no que estão ensinando, porém os alunos não estão aprendendo. Logo, existe algo que está faltando. Ensinar não consiste apenas em transmitir um conteúdo, isso é reduzir uma atividade tão complexa. Outro ponto é o que se refere à experiência. Naturalmente acreditamos que professores com mais tempo de magistério sabem lidar melhor com a profissão, porém não é bem assim que acontece na prática. Não adianta dar aula há 25 anos se durante todo este tempo se deu aula errado. Temos pouca experiência, mas neste um ano e meio aprendi tantas coisas e penso que melhorei bastante, embora ainda tenha um longo caminho para percorrer. São pequenas coisas, como um conceito que tive que pensar em outra maneira de ensinar porque percebi que na minha primeira explicação os alunos não entenderam. Acredito que o sucesso profissional vem da forte reflexão sobre a prática. De analisar os pontos positivos e negativos. De buscar novas abordagens. E fazer estágio em dupla favorece está reflexão. Foram várias as vezes que discuti com o meu parceiro as dificuldades dos alunos e a maneira que estávamos lidando com isto e trocamos idéias. Penso que ser professor não tem caráter estável e é preciso a cada dia desenvolver os saberes docentes.

O excerto a seguir é muito significativo: indica que a futura professora considera sentimentos e parece perceber quando deve avançar ou recuar, o que reflete os momentos e contextos em que se encontra. Esta narrativa revela claramente processos de seu desenvolvimento profissional quando apresenta questões e dilemas sobre o planejamento de um conteúdo para ser ensinado:

> Um dos pontos altos deste estágio foi à regência que dei em duas sétimas séries. Embora já tivesse à frente de uma sala quando fui requerida para substituir um professor esta foi a primeira fez que preparei uma aula e senti uma diferença enorme. De fato, preparar uma aula dá trabalho e muito, mas quando se dá uma aula sem preparação acabamos por somente preencher um horário sem aproveitar todas as oportunidades de se ensinar alguma coisa. É interessante que ao preparar você tem que se colocar no lugar do aluno e mesmo assim é imprevisível o que vai ocorrer na sala de aula. Uma aula sobre um conteúdo simples como foi a minha se torna fonte de muitas preocupações. Quando o professor pediu para darmos uma aula sobre segmentos e para seguirmos o livro, a minha

primeira impressão foi que seria uma aula bastante simples, afinal é de se esperar que os alunos de uma sétima série saibam o que é segmentos. Entretanto, no momento que realmente sentei para preparar a aula observei que as coisas eram mais complicadas que isto, pois não queria seguir o livro como uma verdade absoluta. Surgiram inúmeras perguntas como: Qual é a seqüência de conteúdo adotada? Que tipo de discussão propor à classe? Quais são as perguntas que eles podem me fazer? Qual seria o meu plano B se os alunos não entendessem a minha primeira explicação? Que conceitos matemáticos eu deveria saber para me sentir preparada para está aula? Que tipo de aula iria prender a atenção dos alunos? Qual seria a formalidade que eu usaria? Que materiais eu e os alunos precisaríamos? O que seria exigido deles? O que era fundamental que eles aprendessem?

Galvão (2005), com base em Shulman e Colbert, afirma que as narrativas das práticas de professores funcionam como elementos catalisadores que induzem à reflexão dos professores em geral sobre sua própria profissão. Pensamos que estas reflexões também ocorrem na formação inicial. A licencianda relata os desafios cotidianos da profissão docente, que muitas vezes não permitem que o professor ponha em ação o que planejou. Sua narrativa é carregada de emoção e preocupação com a aprendizagem dos alunos. Mesmo diante da imposição de um currículo prescrito pelo professor (seguir o livro), ela assume o risco de investir em uma metodologia que acredita ser mais significativa para a aprendizagem dos alunos. Arrisca-se a romper com que vinha presenciando.

A narrativa expõe sua perspectiva de educação, como aponta Fiorentini (2001). Dre sinaliza que não nega previamente o solicitado pelo professor; faz opções baseada no provável conhecimento dos alunos; faz projeções de dimensão curricular, fundamentando matematicamente seu argumento e indicando necessidade de investigar procedimentos e métodos de ensino adequados para um conteúdo aparentemente simples.

Narra como se deu a regência; traz os elementos destacados por Galvão (2008): revela insegurança inicial e reflexões oriundas da ação desenvolvida, quando dialoga com o leitor sobre as intervenções que poderia fazer. Por fim, vem o sentimento de superação, ao perceber aprendizagens dos alunos.

A falta de experiência foi uma das maiores dificuldade que enfrentei nesta experiência aliada ao fato de a classe não ser minha e, portanto, não saber o quanto ela poderia render comigo. Um exemplo, é que não tinha qualquer noção de quanto tempo seria gasto na aula. Não sabia se o que iria ensinar era uma revisão ou se seria algo que eles nunca tiveram antes. Então para saber se precisava ir devagar ou rápido fiz uma sondagem no começo da aula. O correto seria ter feito a sondagem antes de preparar a aula e não no momento, mas para mim era tão claro que eles sabiam estes conceitos que só depois pensei que talvez não fosse assim, já que muitos alunos nem sabem fazer operações. A mesma coisa aconteceu com o compasso. Quando o Leo [parceiro do estágio] perguntou aos alunos se eles sabiam mexer no compasso e eles afirmaram que sim acreditei ser verdade, mas só quando vi eles manipulando que percebi que alguns alunos realmente não sabiam. Aliás, os materiais utilizados foram um diferencial na regência. Como a matéria era segmentos e dentro disto ponto médio, era de fundamental importância régua e compasso. Acredito que estes materiais promovem uma visualização e um sentido para a Geometria e conectam matemática com a realidade. Manipular estes objetos também fez parte do planejamento da aula e se não tivéssemos treinado na lousa antes a usar o compasso iríamos cometer muitos erros na sala de aula. Achei bastante interessante como os alunos participaram da aula. Para todas as minhas perguntas eles respondiam e não era somente um aluno. (...) Estava preocupada em preparar uma aula dialogada e não ter retorno. Penso que se tivesse optado por uma aula sendo eu a centralizadora do conhecimento teria menosprezado a capacidade dos alunos. Foi bastante satisfatória esta experiência não somente pelos comentários dos alunos que disseram que gostaram da nossa aula, pois realmente aprenderam, mas por ter a surpreendente participação deles como indicativo que estavam aprendendo.

A escrita das narrativas permitiu a Dre reflexões para além das de professora de Matemática. Nelas estão implícitos os objetivos sociais da educação quando destaca o potencial dos indivíduos como seres humanos. Por trás de seu texto, pode-se identificar o papel que o professor ocupa no contexto educacional, muito além do ser professor de um conteúdo do currículo tradicional.

Por último, enfatizo ainda que a produção de narrativas revela indícios de desenvolvimento profissional e permite reflexões para além das relacionadas à ação como futura professora de Matemática.

Apostar nas narrativas na formação inicial permite compreender o processo formativo, dando pistas sobre aprendizagens da docência, revelando aspectos do campo do estágio, que não teríamos condição de vivenciar senão através dos registros escritos e compartilhados no grupo constituído na universidade.

Referências bibliográficas:

ALRØ, H.; SKOVSMOSE, O. *Diálogo e aprendizagem em Educação Matemática*. Trad. Orlando Figueiredo. Belo Horizonte: Autêntica, 2006.

FIORENTINI, D. De professor isolado ou plugado para professor conectado: novas perspectivas à formação do professor de Matemática.

In: DARIO FIORENTINI. (Org.). *Coletânea de trabalhos do PRA-PEM - VII ENEM (VII Encontro Nacional de Educação Matemática).* Campinas: CEMPEM/FE-Unicamp, v. 1, 2001. p. 22-28.

GALVÃO, C. *Professor: o início da prática profissional.* 1998. 716 p. Tese (Doutorado) — Departamento de Educação, Faculdade de Ciências. Universidade de Lisboa, Lisboa.

GALVÃO, C. *Narrativas em Educação.* Ciência & Educação, v. 11, n. 2, 2005.p. 327-345.

GALVÃO, C. *Aula n. 1.* Módulo Narrativa em Educação. Curso Mestrado em Educação, Metodologias de Investigação II, Departamento de Educação, Faculdade de Ciências, Universidade de Lisboa, Lisboa, 2008. Notas de aula disponibilizadas no *moodle.*

GAUTHIER, C. et al. *Por uma teoria da pedagogia: pesquisas contemporâneas sobre o saber docente.* Ijuí: Unijuí, 1998. 457p. (Coleção Fronteiras da Educação).

_____.JOSSO, M. C. *Experiências de vida e formação.* São Paulo: Cortez, 2004.

MIZUKAMI, M. G. N. Aprendizagem da docência: algumas contribuições de L. S. Shulman. *Revista Educação.* v. 29, n. 2, 2004. Disponível em: <http://www.ufsm.br/ce/revista/revce/2004/02/a3.htm>. Acesso em: ago. 2005.

POWELL, Arthur B. Captando, examinando e reagindo ao pensamento matemático. *Boletim 39 — GEPEM.* Rio de Janeiro, set. 2001. p.73-84.

PRADO, G. V. T.; CUNHA, R. B.; SOLIGO, R. Formação, escrita e produção de conhecimento no contexto da escola. In: VICENTINI, A. A. F.; SANTOS, I. H.; ALEXANDRINO, R. (Org.). *O coordenador pedagógico*: práticas, saberes e produção de conhecimentos. Campinas: Gráfica da Faculdade Educação da Unicamp, 2006. p. 23-34.

SCHON, D. A. *The reflective practitioner:* how professionals think in action. New York: Basic Books, 1983.

SKOVSMOSE, Ole. Guetorização e globalização: um desafio para a Educação Matemática. *Zetetiké.* Campinas, v. 13, n. 24, jul.-dez. 2005. p. 113-142.

Para um mapeamento da formação de professores de matemática no Brasil: Considerações sobre a história oral como método qualitativo de pesquisa que envolve oralidade, memória, temporalidade e narrativas[42]

Antonio Vicente Marafioti Garnica

A incorporação de uma metodologia de pesquisa em uma determinada região de inquérito exige atenção. A História Oral, em nosso país, é uma abordagem de tradição relativamente recente, mas muito utilizada por pesquisadores que aqui chamaremos, muito genericamente, de "cientistas sociais". Já existe, entretanto, todo um histórico sobre a implementação dessa metodologia, por exemplo, na Sociologia, na Antropologia, nos Estudos Culturais e na Psicologia Social brasileiras. Muito mais recentes, porém, são os esforços para analisar as potencialidades e limitantes dessa abordagem para a Educação Matemática.

Acredito que a apropriação de um determinado modo de conduzir investigações é um processo criativo e não meramente técnico de reprodução acrítica de procedimentos. Cada pesquisador agrega ao método, a partir de seus interesses, suas expectativas, seus referenciais teóricos, sua área de atuação, elementos que diferenciarão – às vezes de forma radical – a configuração desse método. Entretanto, ainda que essencialmente criativa, tal apropriação só pode ser realizada de forma consistente a partir das interlocuções com as várias áreas

---

42. Este artigo, em linhas gerais, embora nunca tenha sido publicado, serviu de base para a conferência apresentada no Seminário Brasileiro de História da Matemática, ocorrido em Belém do Pará, no ano de 2009.

em que o método é utilizado. De cada pesquisador uma contribuição; de cada abordagem uma centelha potencialmente criativa; de cada tema um *insight*. Contribuições, abordagens, temas e objetos a serem incorporados, atualizados, re-lidos, complementados, adequados, repensados de modo a atuarem significativamente numa nova região, conformando novas práticas de pesquisa e novos olhares.

Assim, tendo exercitado essa interlocução por cerca de dez anos, penso que podemos afirmar que a História Oral na Educação Matemática diferencia-se da História Oral praticada em outras áreas. Durante essa década, foi-nos possível alinhavar algumas compreensões e, a partir delas, estabelecer uma série de pressupostos – nossos princípios – que temos à mão para a efetivação de um trabalho de pesquisa que se vale prioritariamente da oralidade como disparadora de processos investigativos.

Temos concebido a História Oral como metodologia qualitativa de pesquisa, e como metodologia entendemos não só um conjunto de procedimentos a partir dos quais materiais podem ser coletados e trabalhados. Incluímos como parte essencial de uma metodologia, além dos procedimentos – que têm, sempre, em seu horizonte, a idéia de organização, exequibilidade e eficácia – as fundamentações nas quais se assentam tanto as ações dos pesquisadores e quanto a criação de novas estratégias. Assim, falar em "História Oral" não é simplesmente trazer à cena um emaranhado de técnicas, mas um conjunto de procedimentos teoricamente fundamentados em autores e experiências, um conjunto que nos auxilie a compreender e formar horizontes para o mundo em que vivemos, a partir das tramas possíveis entre memória, história e oralidade, e do vasto universo de perspectivas que essa trama permite configurar.

Falar em História Oral como metodologia de natureza qualitativa, servindo à Educação Matemática, implica estudar fundamentos para ações de distintas naturezas. Primeiramente, há que se estabelecer o que se pretende compreender a partir de depoimentos orais e, junto com isso, o que faz um depoimento pertencer a essa abordagem específica e não a outras tantas abordagens de pesquisa já consideradas "naturais" em Educação Matemática. A intenção de estabelecer certos parâmetros básicos para a pesquisa em "História da Educação Matemática a partir de relatos orais" não deve, porém, ser vista como uma tentativa de engessamento nas ações de investigação.

Recolher e estudar depoimentos visando à reconstituição de histórias dentro de histórias é, em si, iniciativa de recriação que comporta novos significados, dado que à intenção da reversibilidade nos tempos corresponde igualmente uma redefinição dos espaços vividos. Ouvir atentamente as narrativas e com elas dialogar, procurando o conselho, a sugestão, é exigência primeira. Instituir uma abordagem específica para coleta e análise de dados numa pesquisa dessa natureza, buscando resgatar anterioridades para redimensionar histórias presentes e respeitando os trabalhos já desenvolvidos, mas inserindo, nessas investidas, as particularidades da Educação Matemática como área de pesquisa, requer tratamento cuidadoso.

É reconhecida a potencialidade das abordagens qualitativas nos estudos em Educação Matemática, mas os estudos relativos à memória e à reconstituição histórica não se submetem a uma única dentre as modalidades de pesquisa qualitativa e fundantes teóricos já tratados pela literatura específica. Necessitamos, assim, de uma abordagem qualitativa que se situe em interfaces de métodos distintos, plasmada em filosofias que, embora diversificadas, se disponham ao diálogo, constituindo, então, metodologia alternativa e, nesse sentido, inédita. Esta empreitada exigiu, inicialmente, que elaborássemos um levantamento do que já se encontrava disponível quando iniciamos mais sistematicamente o estudo dessa metodologia e de suas potencialidades para a Educação Matemática.

Arbitrando um início

Como parte desse primeiro levantamento mais sistemático, buscamos abarcar todas as contribuições de pesquisadores até o ano de 2001, quando se deu a constituição de um grupo próprio para a discussão da interface História Oral e Educação Matemática. Fixamos como primeira contribuição a dissertação de Marco Antonio Geraldo de Oliveira (Oliveira, 1997), apresentada à Faculdade de Educação da UNICAMP. O trabalho teve como questão geradora: "*Como o professor de matemática relata sua prática educativa em álgebra elementar, historicamente produzida, e quais reflexões ele faz sobre isso?*" Desenvolveu-a apoiado nos depoimentos de quatro professores de Matemática[43] ("*decidimos que os seguintes critérios deveriam ser levados em consideração para a escolha dos sujeitos: ter vivenciado a implantação da Matemática Moderna no nosso Sistema Educacional; possuir vários anos de experiência com o ensino da álgebra elementar; parte dos sujeitos deveria ter continuado seus estudos após a graduação em matemática e outra parte não[44]*").

A opção do autor pela História Oral fica já explicitada na introdução ("*a forma de estruturar o presente trabalho segue a orientação proposta por Silva (1993)[45]* [...] *que utilizou a História Oral enquanto técnica de gravação, produção e tratamento de depoimentos orais coletados através de entrevistas*").

Estando o termo "reflexão" presente na questão geradora, o autor inicia o capítulo primeiro com a apresentação de referências teóricas, valendo-se, mais notadamente, dos trabalhos de Zeichner. Quanto à abordagem – ainda que breve – para estabelecer a História

---

43. Maria Ângela Miorim, Ruy Madsen Barbosa, Celeste Lopes, José Maria da Silva.
44. O autor (que para isso segue Miguel e Fiorentini) situa a Matemática Moderna como responsável por alterações profundas na concepção de educação algébrica, o que "produziu mudanças significativas tanto no âmbito das propostas curriculares oficiais quanto no âmbito dos livros didáticos", sendo apontada como "o principal marco de mudança do ensino brasileiro de matemática nos últimos 50 anos". Assim, tendo a Matemática Moderna como eixo, Oliveira opta por concentrar seu estudo a partir da década de 40, com o que se justificariam seus dois primeiros critérios. Quanto à formação em cursos de pós-graduação não há considerações sobre o que o levou a estabelecer tal exigência (nota nossa).
45. Trata-se de Silva, S.A.I. (1993). *Educação/Cultura na memória de profissionais da educação: reflexões sobre experiências na Escola Pública Paulista (1930-50)*. Tese de doutorado. PUC/SP.

Oral como metodologia da pesquisa, as fontes de Oliveira são Alberti, Meihy, Thompson e Demartini. Ainda nesse capítulo, uma apresentação mais minuciosa dos depoentes é feita. Os depoimentos são apresentados em seguida, no segundo capítulo, embora a íntegra dos textos não esteja disponível. Opta o autor por alternar recortes dos depoimentos com suas próprias falas (comentários) sobre o teor desses depoimentos. Esse estilo – que poderíamos chamar de uma "exposição comentada" – utiliza recortes, até onde se pode perceber, das transcrições brutas dos depoimentos. Tais recortes surgem agrupados por semelhança temática: num primeiro momento, as falas sobre os "*primeiros contatos com a álgebra elementar enquanto estudantes do curso ginasial*", seguidas de falas sobre "*a presença da álgebra enquanto alunos universitários*", "*as primeiras aulas de álgebra elementar como professores*", "*o preparo das aulas e o uso do livro didático*", "*os modelos praticados de ensino/aprendizagem/avaliação*" e, finalmente, "*a formação continuada e o desenvolvimento profissional dos professores*". Assim, embora não explicitados pelo autor, tanto os recortes quanto a questão geradora aparentemente indicam uma opção pela História Oral Temática. O tratamento posterior dos dados, no terceiro e último capítulo, cria três grandes categorias. Com elas, o autor pretende um diálogo entre a literatura disponível sobre ensino de álgebra elementar e os depoimentos dos quatro professores.

Tendo optado por ter o Movimento Matemática Moderna como divisor de águas e critério para a escolha dos entrevistados, as três categorias mais gerais, nas quais o autor incluirá – analiticamente – suas considerações e o estudo dos recortes dos depoimentos, são os períodos anteriores ao movimento, durante o movimento e depois dele.

Com esta proposta, o autor inicia os próximos itens de seu trabalho caracterizando historicamente cada um desses períodos a partir de seu levantamento bibliográfico. Os depoimentos dos quatro professores vão ilustrando essa caracterização, formando, assim, um diálogo entre fontes orais e escritas sendo que, as referências orais, mais marcadamente, explicam, exemplificam, justificam ou complementam as escritas, o que Oliveira pontua como a tentativa de *"situar e confrontar historicamente a perspectiva apresentada pelos quatro professores com aquela descrita atualmente pela literatura".* Consequência dessa proposta é a síntese das compreensões do autor, que encerra suas considerações finais e às quais segue a bibliografia do trabalho.

Esta breve síntese nos permite algumas compreensões que justificarão por que afirmaremos, em sequência, ser o trabalho de Gilda Lúcia Delgado de Souza (Souza, 1999), efetivamente, o primeiro trabalho de pesquisa em Educação Matemática que explicitamente utiliza a História Oral como metodologia de pesquisa de um modo mais rigoroso (se comparado ao de Oliveira): Souza seguirá mais de perto os teóricos tanto da História quanto os da História Oral e suas indicações, neste sentido, são genéricas, embora haja referências cruzadas nos dois trabalhos. Souza detém-se a explicitar suas concepções de modo mais claro, passando pelas instâncias da transcrição e da textualização para chegar até uma possível sistematização dos dados coletados. No trabalho de Oliveira, a utilização dos depoimentos é relativamente mais livre dessas amarras, provavelmente por espelhar-se mais nos critérios das pesquisas de vertente qualitativa ("naturais" às investigações em Educação Matemática) do que nos da História Oral propriamente dita. Assim, pareceu-nos que o trabalho de Oliveira é tributário de uma postura qualitativa já àquela época usual em Educação Matemática, sem que uma diferenciação entre essa abordagem "genérica" e a abordagem proposta pela História Oral pudesse ser notada com clareza.

O trabalho de Souza, defendido como dissertação de mestrado junto ao Programa de Pós-Graduação em Educação Matemática da UNESP de Rio Claro, será aqui considerado como inauguração de uma nova seara metodológica na Educação Matemática, tendo também contribuído de modo essencial para a formação, cerca de três anos depois, do Grupo de Pesquisa que assumiu para si a tarefa de estudar as potencialidades da História Oral para a Educação Matemática – o GHOEM –, Grupo de Pesquisa "História Oral e Educação Matemática".

Do Método para configurar um Método

É preciso reconhecer que, passados dez anos de esforços coletivos para a configuração dessa metodologia específica em Educação Matemática, há ainda, no quadro geral, versões distintas sobre o que é, como se fundamenta e seus procedimentos próprios, até porque a própria nomenclatura "História Oral", que tem definido toda uma gama de posicionamentos teóricos e procedimentais, não é claramente consensual entre áreas ou pesquisadores (mais adequado seria, talvez, falarmos de uma metodologia qualitativa em que estão interpenetradas questões relativas à oralidade, à memória e às narrativas).

Em Educação Matemática, temos afirmado que a História Oral não se aplica apenas a investigações cujo objeto seja "propriamente historiográfico"[46]. Entretanto, há uma aproximação óbvia e natural de qualquer método – ou, mais geralmente, de qualquer postura investigativa – com a historiografia: somos, todos, pesquisadores, elaboradores de fontes documentais que poderão – ou não – ser aproveitadas, no presente ou no futuro, para investigações de natureza historiográfica. Assim, seria natural requerer, de todo investigador, a defesa de uma concepção sobre História, e a que defendemos é tributária direta da posição defendida por Bloch e Febvre: uma prática social interpretativa e problematizadora.

Defendemos, mais propriamente, a História-problema, querendo com isso significar que "a história não deveria ser propria-

---

46. Este texto tem como intenção servir de base à conferência a ser proferida durante o Seminário Nacional de História da Matemática – SNHMat. Pela natureza desse evento, faremos um recorte e trataremos mais especificamente das pesquisas de natureza historiográfica realizadas com a utilização da História Oral.

mente vista como uma ciência do passado, mas como aquela que procuraria estabelecer um '*diálogo do presente com o passado, e no qual o presente tomaria e conservaria a iniciativa*'". E essa não é, obviamente, uma posição hegemônica mesmo dentre aqueles que, em Educação Matemática, se inscrevem na região cujas preocupações orbitam o binômio História – Educação Matemática.

Nossos exercícios em História Oral têm sido desenvolvidos segundo uma dinâmica que chamamos de "configuração metodológica em trajetória". A partir desse "mecanismo", pretendemos, aqui, apresentar o que, nesses esforços, tem mostrado como pressupostos estáveis – ainda que uma generalização deva ser evitada (ao contrário da Matemática, não pretendemos nos inscrever na região do "qualquer-que-seja").

Buscando inicialmente estudar (e propor) uma regulação metodológica a partir da qual a História Oral pudesse integrar as formas de ação investigativa em Educação Matemática, procuramos saber como selecionar colaboradores, quais os protocolos fundamentais para a coleta de depoimentos, quais os procedimentos posteriores à coleta e, principalmente, se e como "analisar" os depoimentos coletados. A regulação dos procedimentos metodológicos, efetivada nas primeiras fases de nossos estudos, buscou fincar, a partir da ação, procedimentos metodológicos. Não se pretendeu elaborar procedimentos a partir dos quais depoimentos seriam coletados, nem coletar depoimentos para posteriormente fundamentar essa coleta. Acreditávamos – o que acabou se revelando produtiva estratégia – que a pesquisa segue estreitamente ligada aos mecanismos de elaboração metodológica, do que já falavam inúmeros autores ligados ao estudo das pesquisas de vertente qualitativa em Educação (e, em especial, em Educação Matemática). Obviamente, não pretendíamos partir para o desconhecido sem ferramenta alguma que nos desse uma margem de segurança, mas também não pretendíamos partir para a ação tendo como parâmetros procedimentos rígidos – espartilhos conceituais – com os quais qualquer tentativa de liberdade e criatividade ver-se-ia engessada. Esta nossa opção foi parametrizada pela diferença entre o que chamamos de "regulação" em contraposição a "regulamentação".

Procuramos em tentativas já formalizadas – notadamente aquelas de pesquisadores em História e em Psicologia Social –, uma inspiração e seguimos nossas intuições e compreensões a partir do que essas tentativas nos indicavam. A cada investigação realizada seguia uma crítica metodológica que nos auxiliava quanto ao *design* metodológico da investigação seguinte.

Nesse processo de configurações, análises críticas e reconfigurações (até hoje implementado no Grupo de Pesquisa[47]), alguns elementos foram se mostrando de forma mais estável, insistentemente adequados em diferentes investigações. O trabalho de fundamentação aos procedimentos (a essência do que chamamos de metodologia) nos levou, então, a explicitar de forma mais clara o que seriam os princípios que defendemos para os que se valem da História Oral como recurso.

Afirmamos, então, que a opção pela História Oral implica:

(a) o diálogo entre fontes de várias naturezas, ressaltadas as fontes orais;

(b) aceitar a pluralidade de perspectivas (interpretações) a partir das quais cada tema ou objeto pode ser realçado;

(c) uma configuração sempre coletiva – no que diz respeito aos atores sociais envolvidos na pesquisa, quer como pesquisadores ou como depoentes – de um cenário amplo, descentralizado e dinâmico (intencionalmente caótico, mas com estabilidades possíveis);

(d) o registro cuidadoso, eticamente comprometido, elaborado num esforço de romper amarras institucionais, inclusive quanto à forma da escrita da história nos meios acadêmicos;

---

[47] Um dos exemplos notáveis dessa trajetória é o trabalho de mestrado de Luzia Aparecida de Souza, **História oral e Educação Matemática: um estudo, um grupo, uma compreensão a partir de várias versões**, de 2006, cuja intenção foi estudar as distintas concepções sobre História/História Oral e Educação Matemática que coexistiam no próprio GHOEM.

(e) o domínio na elaboração de narrativas e o posicionamento/compromisso de que tais narrativas têm a função de reconduzir o sujeito "para dentro" das investigações, negando toda afirmação de que a objetividade científica está radicada na neutralidade do pesquisador em relação ao pesquisado.

Dos Princípios (ou dos Pressupostos Estáveis)

As críticas iniciais ao uso da História Oral na Educação Matemática dirigiam-se principalmente à natureza das fontes, julgadas inadequadas, posto que o ponto de vista dominante dentre os que, até aquele momento, trabalhavam num domínio de interface entre História, Matemática e Educação Matemática, ressaltava a ilegitimidade da oralidade como ponto de partida para estabelecer "verdades históricas", ainda que o uso das narrativas esteja inscrito, na Educação Matemática, como um de seus diferenciais (depoimentos sempre foram utilizados nas investigações em Educação Matemática e tal uso sempre foi uma das principais bandeiras em favor do rompimento com parâmetros positivistas de pesquisa[48]) e que o diálogo entre História, Narrativa e Ficção seja contemporaneamente defendido por inúmeros historiadores que, aos poucos, se afastam de uma concepção mais limitadora sobre o que é História e qual a natureza do método historiográfico. Assim, percebe-se que a ilegitimidade da oralidade sempre foi defendida mais arduamente não pela comunidade da Educação Matemática, mas por uma parcela dessa comunidade cujas intenções se inscreviam no domínio formado pela interconexão entre História e Educação Matemática. Hoje, passados dez anos de esforços para compreender a História Oral como um

---

48. Se o positivismo implantou a correlação entre despersonalização e objetividade, a investigação narrativa vem justamente negar esse pressuposto: os colaboradores depoentes falam de si mesmos, negando o silenciar da subjetividade.

recurso qualitativo significativo para pesquisas em Educação Matemática, percebe-se não somente que a oralidade passou a ser considerada como legítima para estudos historiográficos, mas que também dentre os pesquisadores que se valem da História Oral como método se nota uma flexibilidade em relação à natureza das fontes. Atualmente, os memorialistas da Educação Matemática brasileira convivem com uma diversidade de concepções acerca do que são os objetivos da História e defendem – ou ao menos aceitam como legítima – a intervenção de fontes de várias naturezas para configurar como se têm desenvolvido, por exemplo, a Matemática Escolar e como têm avançado os esforços para apreendê-la.

Um exemplo de como o diálogo entre fontes tem sido exercitado nos estudos sobre a História da Educação Matemática brasileira é aquele da análise (histórica ou não) dos manuais didáticos. Ao discutir esse nosso primeiro pressuposto, virão à cena as demais afirmações que temos tomado como princípios para o trabalho com História Oral em Educação Matemática.

Há uma quantidade significativa de trabalhos voltados à análise de manuais didáticos. Os "oralistas" também têm sido incluídos nessa seara, partindo da predisposição de que apenas a análise interna das obras que participam ou participaram dos processos de aprender e ensinar Matemática nas escolas não é suficiente. É preciso compreender o livro didático imerso numa cultura escolar (ou seja, transcendendo as fronteiras do próprio livro e, portanto, da análise interna), posto que, com esses manuais, os professores, frequentemente, exercem algo como que uma subversão, ao menos em relação ao que os autores intencionam em relação aos livros que produzem e as políticas públicas almejam com os livros que apoiam. Subversão dessa mesma natureza ocorre em relação às legislações, no cotidiano escolar, no convívio e no reconhecimento das autoridades escolares, no modo como são implementados punição, controle, etc. É neste sentido que, além da análise do "material" livro didático, em sua presença impressa, defendemos que os educadores matemáticos ampliem seu campo de análise e que, para isso, a História Oral possa ser um recurso significativo. Transcender esses mecanismos de análise formal (do livro didático ou de qualquer situação ou objeto cultural) significa, portanto, recorrer a hermenêuticas mais contemporâneas, que concebem a constituição do texto pela leitura e não como algo já dado que poderia ser escrutinizado a partir de regulamentações pré-fixadas.

Simbolizar é uma ação distintiva do humano, algo propriamente humano. Além de produzir e decodificar (de algum modo) expressões linguísticas, os humanos também dão sentido a expressões não-ling-ísticas e constroem um arsenal de formas simbólicas a partir das quais se reconhecem e estabelecem suas sincronias e diferenças. São sinais não-verbais, trejeitos, obras de arte, expressões gráficas diferenciadas, "linguagens" diversas daquelas naturalmente empregadas na comunicação cotidiana, são materiais e manifestações, cada uma delas significativa ao seu modo, que, em comum, podem ser vislumbradas como um esforço humano de compartilhar experiências, intenções, crenças. Essa atividade de simbolização foi suficiente para configurar uma concepção de cultura (exatamente a que John Thompson chamará de "concepção simbólica de cultura") proposta já na década de 1940 por L. A. White: "cultura é o nome de uma ordem ou classe distinta de fenômenos, a saber, aqueles eventos ou coisas que dependem do exercício de uma habilidade mental, peculiar às espécies humanas, que denominaremos 'simbolização'".

Tal concepção, entretanto, não é única. De um modo geral, todas as concepções sobre cultura – ou ao menos as mais dominantes – provêm da Antropologia. Há uma chamada "concepção clássica" – essa defendida principalmente entre historiadores e filósofos alemães –, segundo a qual cultura e civilização seriam termos levemente diferenciados, ambos, porém, referindo-se a um processo de desenvolvimento intelectual ou espiritual que preza por uma diferenciação em relação à selvageria e à barbárie. As concepções propriamente antropológicas de cultura surgem ao final do século XIX. Thompson as classifica como "descritivas" e "simbólicas". "A concepção descritiva de cultura refere-se a um variado conjunto de valores, crenças, costumes, convenções, hábitos e práticas características de uma sociedade específica ou de um período histórico". Já para a concepção simbólica, "os fenômenos culturais são fenômenos simbólicos e o estudo da cultura está essencialmente interessado na interpretação dos símbolos e da ação simbólica". Nessa concepção simbólica estão inscritos os trabalhos de Clifford Geertz, antropólogo, que apresenta seu conceito de cultura não como simbólico, mas como semiótico, acreditando que "o homem é um animal suspenso em teias de significado que ele mesmo teceu" e, portanto, entendendo "cultura" como essas teias, e sua análise não como uma ciência experimental em busca de leis, mas como uma ciência interpretativa em busca de significados. A cultura é uma 'hierarquia estratificada de estruturas significativas'; consiste em ações, símbolos e sinais, em 'trejeitos, lampejos, falsos lampejos, paródias', assim como em manifestações verbais, conversações e solilóquios." Geertz pensa o estudo da cultura como sendo propriamente desenvolvido segundo uma abordagem interpretativa, uma atividade mais próxima à análise de textos do que a de uma classificação normativa como as das ciências naturais em seus clássicos tratados sobre flora e fauna, por exemplo. Segundo essa caracterização, à abordagem de Geertz está subjacente a abordagem simbólica defendida por Thompson: "cultura é o padrão de significados incorporados nas formas simbólicas, que inclui ações, manifestações verbais e objetos significativos de vários tipos, em virtude dos quais os indivíduos comunicam-se entre si e partilham suas experiências, concepções e crenças". Segundo Thompson, ainda que a obra de Geertz ofereça a "mais importante formulação do conceito de cultura que emerge da literatura antropológica", há sensíveis lacunas em sua perspectiva. Especificamente, aponta falta de clareza e consistência no uso do termo "cultura" e em sua visão sobre a natureza e tarefas da análise cultural. Além disso, aponta uma dificuldade em relação à concepção de texto, que Geertz busca em Paul Ricoeur.

Ainda que, valendo-se também da abordagem ricoeuriana e analisando-a como uma contribuição significativa para subsidiar o que chamará de Hermenêutica da Profundidade (uma expressão inicialmente cunhada por Ricoeur)[49], Thompson nota que "a abordagem de Ricoeur envolve uma [...] uma enganadora abstração das circunstâncias sócio-históricas em que (as) ações, manifestações verbais e até mesmo textos são produzidos, transmitidos e recebidos". Quando apresenta o referencial metodológico que desenvolverá para uma análise cultural, Thompson aprofunda essa crítica a Ricoeur e, consequentemente, à apropriação de Ricoeur por Geertz: "Ricoeur coloca demasiada ênfase no que ele chama de 'autonomia semântica do texto' e com isso abstrai muito rapidamente as condições sócio-históricas em que os textos são produzidos e recebidos". Embora, segundo Thompson, haja outros pontos lacunares na obra de Geertz, é nesse que pretendemos nos deter, aqui.

Para ampliar o espectro e o alcance da análise cultural de Geertz, Thompson constrói o que ele próprio denomina de "concepção estrutural de cultura" para significar "uma concepção que dê *tanto* ênfase ao caráter simbólico dos fenômenos culturais *como* ao fato de tais fenômenos estarem, sempre, inseridos em contextos sociais estruturados. Podemos oferecer uma caracterização preliminar dessa concepção definindo a 'análise cultural' como *o estudo das formas simbólicas – isto é, ações, objetos e expressões significativas de vários tipos – em relação a contextos e processos historicamente específicos e socialmente estruturados dentro dos quais, e por meio dos quais, essas formas simbólicas são produzidas, transmitidas e recebidas*". Assim, vê-se claramente que a concepção estrutural de Thompson é tanto uma alternativa quanto uma ampliação da concepção simbólica, por envolver, quando da interpretação das formas simbólicas, o estudo dos contextos e dos processos socialmente estruturados nos quais essas formas surgem, proliferam, são reproduzidas, quais as formas de apropriação a que estão sujeitas, de que modo são transformadas

---

49. Thompson ressalta, especificamente, o interesse particular em Ricoeur "porque ele procurou construir sobre as intuições de Heidegger e Gadamer sem abandonar as preocupações metodológicas".

e como, por vezes, desaparecem dando origem a outras formas complementares ou substitutas. Esse elemento diferencia a abordagem de Thompson em relação àquela de Geertz, pois considera as formas de apropriação – as contextualizações temporais e espaciais – das formas simbólicas pelos próprios produtores e disparadores das ações que as constituem em seus mecanismos de criação e transformações[50]. Trata-se, assim, segundo entendemos, de tecer o discurso *ético* privilegiando o discurso e as ações *êmicas*[51], o que trará à cena elementos que o discurso do pesquisador, com seus óculos teóricos, talvez negligencie ou desconheça.

A escola – esse ambiente ao qual temos dedicado nossas pesquisas com História Oral – cria, potencializa e mantém conteúdos culturais, pois nela há muito mais do que atores passivos frente a um conteúdo escolar estagnado e estático: ao tomar um conteúdo como objeto de ação, muito mais do que esse conteúdo vem à cena. Vem ao centro da reflexão uma teia complexa de relações, de poderes, de

---

50. Um exemplo exemplar dessa diferenciação entre a abordagem proposta por Geertz em relação à de Thompson pode ser aquele oferecido pelo próprio Thompson comentando o trabalho de Geertz sobre as brigas de galo em Bali (***Notes on the Balinese Cockfigth***). Nesse "ensaio brilhante e imaginativo de etnografia interpretativa, Geertz concebe a briga de galos como uma 'forma de arte' na qual, e através da qual, os balineses vivenciam e dramatizam suas questões de status; isto é, para usar a provocante frase de Goffman, 'um banho de sangue de status', que oferece aos balineses uma maneira de perceber e repensar suas relações de status sem correr o risco de efetivamente modificar ou romper essas relações. Embora essa interpretação seja brilhante e imaginativa, Geertz não oferece nenhuma defesa convincente para a afirmação de que é isso que a briga de galos significa para os balineses que tomam parte dela. Ele não realiza entrevista com uma amostra significativa dos participantes (ou, se o faz, não o relata), nem oferece sua interpretação aos balineses para verificar se eles a consideram uma expressão acurada de sua própria compreensão".
51. *Emic* (no português poderia ser ÊMICO - um sufixo como em «endÊMICO») é relativo aos sujeitos da pesquisa (por exemplo, o que os sujeitos falam, como falam, é uma enunciação ou discurso êmico). *Etic* (também um sufixo como em fonÉTICA, mas que não está, em princípio, vinculado à Ética como disciplina filosófica) trata do discurso dos pesquisadores, das análises ou construções textuais feitas a partir dos discursos «êmicos». FonÉTICA, por exemplo, é um discurso dos linguistas sobre o modo de falar das pessoas (que poderíamos chamar "fonêmico").

hierarquias, de valores implicitamente defendidos, de estratificações, de normas sociais, de manutenção de *status*, de resistências nem sempre tão silenciosas... Quando, por exemplo, ensinamos Matemática, ensinamos algo além. Há sempre uma *hubris* nas atividades de ensino que naturalmente transcendem a mera instrução e disparam um mecanismo que é, ele próprio, em essência, educativo.

Assim, pode-se falar de uma cultura escolar segundo uma ótica que vê a escola como um espaço de produção de práticas culturais perpassado visceralmente pela intenção ideológica da disciplina, do controle, da aculturação. Esse lugar praticado – o espaço da escola, a cultura escolar – está sujeito a uma série de instrumentos e ações que visam, portanto, a implementar essa atmosfera regulamentadora, moralizadora, aculturadora, massificadora e disciplinadora que abafa – e constitui – o campo da escola.

Uma cultura escolar: a escola caracterizada como um campo de interação no qual são criadas, mantidas, potencializadas práticas culturais específicas e intencionais, práticas culturais institucionalmente contextualizadas, um campo de interação social que funciona sob determinadas regras – nem sempre e nem todas sempre e totalmente explícitas: uma instituição social. Cultura escolar, práticas culturais, espaço escolar, campo de interação, instituição social, aqui, são conceitos que se retroalimentam: chamemos a este círculo – ainda que artificial e temporariamente, mas como forma de organização – de "atmosfera escolar".

A concepção estrutural de cultura, como proposta por Thompson, portanto, pode ser invocada para os estudos que pretendem elaborar uma reflexão sobre essa atmosfera escolar. E vários são os recursos utilizados para alimentar esse circuito de disposições (retroalimentações). Objetos e ações "transformam-se" em formas simbólicas e nutrem essa atmosfera. Objetos e ações são, nesse sentido, segundo Thompson, constituídos como "fenômenos significativos". E, segundo entendemos, a História Oral – ela própria uma forma simbólica tanto quanto a Historiografia o é – pode desempenhar papel fundamental para compreendermos tais fenômenos, seja na tentativa de deixar a comunidade escolar "falar" sobre suas práticas, suas visões de mundo, seus modos de se apropriar dos objetos com os quais comumente se relaciona; seja permitindo que autores do processo de escolarização re-construam seus passados de uma forma que lhes seja mais adequado relembrá-los no presente. A História Oral nos permite constituir fontes para compreender esses fenômenos que constituem a cultura e, dentro dela, a atmosfera escolar. A História Oral, defendemos, abraça a possibilidade de ser instrumento de uma Hermenêutica da Profundidade que nos ajuda a atribuir significados às formas simbólicas com as quais nos deparamos no mundo e que decidimos focar em nossas experiências de pesquisa acadêmica.

Se construímos fontes – não só a partir de práticas escolares presentes mas, usualmente, apoiadas nas memórias de depoentes sobre o passado vivido – e se tanto as práticas presentes e as memórias do passado, *húmus* dessas fontes que constituímos, podem ser fantasiosas, criações imaginativas que fazem tanto o presente quanto o passado algo mais aceitável – algumas vezes mais desculpável –, não poderíamos questionar a legitimidade dessas fontes? Qualquer fonte é válida?

Certamente não. Ainda que essas fontes construídas a partir da oralidade devam ser lidas em conjunto com tantas outras fontes disponíveis (escritas, escultóricas, pictóricas, etc.), o que possibilita um triangulação das informações obtidas a partir de várias estratégias e vários materiais, ao assumir a oralidade como essencial a todo o processo de elaboração historiográfica a História Oral permite que se vá além, que se possam conhecer as intenções dos sujeitos depoentes, respeitando suas verdades (a verdade do sujeito, da qual nos fala Foucault) que, certamente, depõem sobre sua cultura, seu espaço, seu momento, suas crenças e práticas. Não se trata de aceitar toda e qualquer fonte como legítima ou adequada para estudos historiográficos: trata-se de constituir, sim, fontes historiográficas críveis, prováveis, plausíveis, mas de também compreender que a oralidade – ainda que criando situações fantasiosas – até, às vezes, pouco plausíveis –, permitam configurar o espaço vivido pelo depoente, respeitando sua interpretação, seu modo de estar no mundo, retratando aspectos da nossa cultura. Em História Oral, opta-se por criar fontes em interlocução, o que amplia aquele horizonte historiográfico que se pauta única e exclusivamente pela univocidade entre significado e fato, criando como que um vácuo no qual não penetram algumas manifestações da cultura – que é plural.

Trata-se, inclusive, não só de criar fontes, mas de disponibilizá-las, permitindo e fomentando sua circulação. Um pressuposto básico do trabalho que temos desenvolvido usando os recursos da História Oral é o de que só faz sentido praticar historiografia se considerarmos a disponibilidade pública de fontes. É a partir dessa disponibilização que inventários são constituídos, significados alternativos podem ser atribuídos, diálogos podem ser motivados e triangulações podem ser propostas. Não só, portanto, as fontes em História Oral são constituídas coletivamente como também todo o trabalho historiográfico deve ser pautado na negociação pública e coletiva para atribuição de significados. Não há, definitivamente, no mundo contemporâneo, espaço para pesquisas individualmente propostas e solitariamente desenvolvidas.

História Oral e Formação de Professores

Seria importante, a partir daqui, detalhar um pouco mais aqueles pressupostos (d) e (e) enunciados acima[52], posto que aos três primeiros ficou reservada grande parte deste texto. Isso, porém,

---

52. A saber: (d) o registro cuidadoso, eticamente comprometido, elaborado num esforço de romper amarras institucionais inclusive quanto à forma da escrita da história nos meios acadêmicos; e (e) o domínio na elaboração de narrativas e o posicionamento/ compromisso de que tais narrativas têm a função de reconduzir o sujeito "para dentro" das investigações, negando toda afirmação de que a objetividade científica está radicada na neutralidade do pesquisador em relação ao pesquisado.

deve ser feito em outra oportunidade. Preferimos interromper aqui os detalhamentos quanto aos pressupostos para podermos traçar algumas considerações adicionais, breves, sobre uma possível função da História Oral para a formação de professores de Matemática.

Uma das potencialidades da História Oral – não a única, mas talvez a mais óbvia – é intervir diretamente na formação de professores de Matemática (ou, de modo mais geral, na formação dos professores que ensinam Matemática). Concepções e práticas, sabemos, são termos visceralmente interligados: há uma retro-alimentação entre práticas e concepções. Concepções alimentam-se das práticas e nessas práticas são explicitadas e rearticuladas, gerando/reforçando concepções. O estudo das práticas de atuação e de formação de professores, portanto, parece ser ingrediente fundamental a ser discutido em cursos de Licenciatura ou de Pedagogia, espaços cujo objetivo precípuo é a formação de professores que transitarão por práticas/concepções, muitas delas já estabelecidas e, portanto, confortáveis, que demandam reavaliação. O estudo das práticas, portanto, será tão mais eficiente quando feito a partir de sujeitos concretos, próximos, sejam eles atores do processo escolar (professores, alunos, administradores, pais, mães, vizinhos, amigos), sejam eles atores excluídos desse processo. Entender os mecanismos de inclusão e exclusão do sistema escolar; atentar para momentos de formação que ocorrem fora da escola; conhecer as formas de gerenciamento e avaliação (passadas e presentes) dos chamados "sistemas de ensino"; re-constituir abordagens didáticas para auscultar seus fundantes pedagógicos; compreender como, historicamente, foram se desenvolvendo os processos de formação de professores (e alunos), conhecer – a partir de concepções passadas e presentes – a constituição da Educação Matemática (que, como região de inquérito, preenche o próprio espaço da formação de professores), etc. são focos importantes. A História Oral, como metodologia de pesquisa qualitativa, pode, nesse aspecto, desempenhar papel fundamental por focar sujeitos concretos e próximos ao contexto dos estudantes (o que permite a ele perceber que as práticas tratadas não estão no âmbito de uma abstração que lhe é distante e alheia). Concebendo como elementos de abstração as teorias pedagógicas, os métodos didáticos, os aspectos filosóficos, políticos e axiológicos da Educação e da Educação Matemática, as atividades em História Oral e Educação/Educação Matemática poderão articular, por exemplo, as disciplinas classicamente conhecidas como "pedagógicas" às situações concretas, visando a buscar, ao longo da formação inicial, a tão decantada articulação teoria-prática. Além disso, a História Oral permite uma reconfiguração da concepção clássica de História (incluindo, nisso, a desestabilização da História como "estudo do passado" e instrumento de heroificação). Nessas "atividades", entretanto, deve-se tratar não só de um conjunto de procedimentos, mas de seus fundamentos e das compreensões por eles (procedimentos e fundamentação) possibilitadas, situando o estudante num panorama do qual ele é a realização presente, motivando a compreensão dos fios a partir dos quais são tecidas suas práticas/concepções acerca do que é ser professor, de quais concepções e práticas a formação tem se nutrido e de como, quando necessário, implementar formas alternativas de ação.

Bibliografia e Referências:

ALBERTI, V. (1996). *A existência na História: revelações e riscos da Hermenêutica*. Revista Estudos Históricos. n.17, Rio de Janeiro.
BLOCH, M. (1965). *Introdução à História*. Lisboa: Europa-América.
BLOCH, M. L. B. (2001). *Apologia da História ou O ofício de historiador*. Rio de Janeiro: Zahar.
BOLÍVAR, A. (2002). *'De nobis ipsis silemus?': Epistemologia de la investigación biográfico-narrativa em educación*. Revista Electrónica de Investigación Educativa, 4(1). Acessível em: http://redie.ens.uabc.mx/vol4no1/contenido-bolivar.html. Acesso em: 5 abr. 2005.
DUNAWAY, D.K. & BAUM, W.K. (ed.). (1996). *Oral History – An Interdisciplinary Anthology*. New York: Altamira Press.

ENCICLOPÉDIA EINAUDI. (1992). v. 21. *Método - Teoria/Modelo*. Portugal: Imprensa Nacional – Casa da Moeda.

GARNICA, A. V. M. (1992). *A interpretação e o fazer do professor: um estudo sobre a possibilidade do exame hermenêutico na Educação Matemática*. Dissertação (Mestrado em Educação Matemática) - IGCE - UNESP. Rio Claro.

_____ e FERNANDES, D.N. Concepções de professores formadores de professores: exposição e análise de seu sentido doutrinário. *Quadrante: Revista de Investigação em Educação Matemática*. Portugal, v. 11, n. 2, 2002. p. 75-98.

_____ *Um Tema, Dois Ensaios: método, história oral, concepções, educação matemática*. 2005. Dissertação (Tese de Livre Docência) - Departamento de Matemática, Faculdade de Ciências. Universidade Estadual Paulista, Bauru.

_____ *História Oral em Educação Matemática: outros usos, outros abusos*. Rio Claro/Guarapuava: UNICENTRO/Sociedade Brasileira de História da Matemática, 2007.

_____ e OLIVEIRA, F. D. de. (2008). Manuais didáticos como forma simbólica: considerações iniciais para uma análise hermenêutica. *Revista Horizontes*. Itatiba, USF. (no prelo).

OLIVEIRA, M.A. G. *O ensino de álgebra elementar: depoimentos e reflexões daqueles que vêm fazendo sua história*. 1997. Dissertação (Mestrado em Educação) – Faculdade de Educação – Unicamp, Campinas.

PALMER, R. E. (1986). *Hermenêutica*. Lisboa: Edições 70.

RICOEUR, P. (1969). *O Conflito das Interpretações: ensaios de Hermenêutica*. Lisboa: Rés.

SOUZA, G.L. D. (1999). *Três décadas de educação matemática: um Estudo de caso da Baixada Santista no período de 1953-1980*. Dissertação (Mestrado em Educação Matemática) – UNESP. Rio Claro.

SOUZA, L. A. de. *História oral e Educação Matemática: um estudo, um grupo, uma compreensão a partir de várias versões*. 2006. 314p. Dissertação (Mestrado em Educação Matemática) – UNESP. Rio Claro.

THOMPSON, J. B. *Ideologia e Cultura Moderna: Teoria social crítica na era dos meios de comunicação de massa*. Petrópolis: Vozes. 1995.

Revirando quintais:
em busca dos vestígios formativos

Eliane Greice Davanço Nogueira
Guilherme do Val Toledo Prado

Introdução

O presente estudo tem como objetivo compreender os processos formativos significativos de professores da Educação Básica, mediante a análise de narrativas produzidas nas discussões de um grupo de pesquisa-formação, bem como conhecer como eles entendem seus percursos formativos e lhes dão sentidos.

Apoiamo-nos no referencial teórico-metodológico proposto por Nóvoa, Canário, Josso, Larrosa, Benjamin, entre outros. A escolha pela abordagem metodológica recaiu sobre a pesquisa-formação (JOSSO, 2004), uma vez que, nessa abordagem, a própria pessoa é, simultaneamente, narrador e tema da narrativa, produzindo conhecimento durante o trabalho autobiográfico, através da exploração da narrativa de suas experiências e de seus processos formativos.

Realizamos nove encontros, uma vez por mês, com professoras que integraram o grupo de pesquisa-formação, no município de São Gabriel do Oeste, no estado de Mato Grosso do Sul. Nos encontros, as professoras discutiram suas concepções de formação, escreveram seus memoriais e realizaram reflexões sobre suas práticas formativas. As indagações iniciais foram: o que aconteceu para que eu tivesse hoje as idéias que tenho? O que, na minha história, foi formador para mim? O que me constitui como professora?

As discussões realizadas com o grupo de professoras possibilitaram a reflexão sobre a prática docente, a identificação de vestígios de diferentes aprendizagens que ocorreram ao longo da vida, compreendendo as várias influências sofridas na sua constituição pessoal e profissional, a partir de lembranças da vida escolar e docente.

Breve contextualização da proposta teórico-metodológica

Após percorrermos os conceitos e processos comuns aos vários tipos de pesquisas, bastante utilizados quando se trata de educação, assumimos, neste trabalho, a perspectiva de pesquisa denominada pesquisa-formação, principalmente no procedimento nomeado como 'Grupo de Pesquisa-Formação', mais precisamente na escrita autobiográfica das professoras, inspiradas no trabalho de histórias de vida desenvolvido por Josso e colaboradores.

Josso (2004), inicialmente, identifica o uso das histórias de vida em projetos de conhecimento que, geralmente, levam os profissionais a refletirem sobre sua prática, demarcando um território de reflexão que abrange a formação e retirando a narrativa do campo exclusivo da literatura, trazendo-a para a complexidade biográfica. Apresenta, também, as histórias de vida a serviço de lógicas de projetos, fazendo a ressalva de que nesses casos elas não abarcam a totalidade da vida do sujeito, mas são adaptadas às perspectivas definidas pelos projetos, ou seja, são tematizadas dentro de itinerários das mais variadas experiências, indo dos módulos de formação contínua até a avaliação de competências relativas a novos referenciais profissionais. A autora é, também, uma das responsáveis pela definição das histórias de vida como metodologia de pesquisa-formação, ou seja, a própria pessoa é, simultaneamente, objeto e sujeito da pesquisa-formação, produzindo conhecimento durante o trabalho autobiográfico, através da exploração da narrativa de suas experiências e de seus processos formativos. Os participantes aprendentes comentam o desenvolvimento e as modalidades do trabalho biográfico, construindo suas capacidades de escuta e de partilha, atentos às considerações sobre formação tecidas ao longo do trabalho.

A periodicidade dos encontros do grupo era mensal, com duas horas de duração, durante o período de março a novembro de 2004.

O grupo foi composto por oito professoras que aceitaram o convite, sendo: três professoras, que atuavam na 1ª série; duas que atuavam na 4ª série e três que atuavam na 2ª e 3ª série, respectivamente, uma coordenadora e uma secretária de Educação.

O grupo foi formado, na maioria, por pessoas que nasceram na Região Sul do Brasil, pois São Gabriel é um município que conta com uma grande parte da população vinda desses estados e sofre grande influência de suas culturas.

A faixa de idade das professoras variava entre 25 e 49 anos de idade. A maioria delas exercera a função de professora durante aproximadamente dez anos, sem qualquer outra atividade remunerada.

Embora São Gabriel esteja no interior do estado de Mato Grosso do Sul, sugerindo dificuldades para uma formação pós-graduada, as professoras, em sua maioria, a possuíam. Apenas uma participante possuía só ensino médio.

Processualmente, destacamos que, concomitantemente aos encontros, realizados entre março e dezembro de 2004, gravados, transcritos e registrados, solicitamos às professoras que escrevessem seus memoriais de formação, com o intuito de disponibilizar mais informações acerca de seus processos formativos, ao mesmo tempo em que pudessem ser compartilhados com todos os participantes do Grupo de Pesquisa-Formação. Essa proposta da escrita de seus memoriais justificou-se pelo fato de se constituir na oportunidade de as professoras, individualmente e no coletivo, refletirem acerca das trajetórias que percorreram, permitindo, assim, uma visão de todo o processo de formação dessas profissionais, desde as expectativas que seus nascimentos trouxeram aos pais e familiares até a opção pela profissão do magistério.

As professoras não se intimidaram diante da investigação e lançaram-se na proposta de escrita de seus memoriais[53].

Catando vestígios formativos

> Acho que o quintal onde a gente brincou é maior do que a cidade. A gente só descobre isso depois de grande. A gente descobre que o tamanho das coisas há que ser medido pela intimidade que temos com as coisas. (...) Sou hoje um caçador de achadouros da infância. Vou meio dementado e enxada às costas cavar no meu quintal vestígios dos meninos que fomos.
>
> Manoel de Barros

Para descortinar os vestígios que pudessem responder ao tema de nossa investigação – compreender os significados das formações para as professoras –, propusemo-nos o levantamento de pontos em comum, alguns modos de pensar coincidentes, que apareceram nos memoriais e que nos auxiliaram na compreensão dos processos, bem como dos percursos e dos sujeitos que contribuíram para a realização do propósito deste trabalho. Dentre esses vestígios, destacamos aqueles que conseguimos agrupar nos memoriais das professoras, pois refletem aspectos relevantes e significativos da temática estudada.

Segundo Josso (2004 p. 219), "o trabalho biográfico sobre si mesmo dá início à aprendizagem da implicação permanentemente em jogo, no trabalho individual e no trabalho coletivo". Tal implicação – com a temática, com sua formação, com os sentimentos, com

---

53. A escrita de memoriais, que narram as histórias de vida e que nos levam a compreender nossa própria história, como um instrumento de formação profissional, vem se constituindo num gênero textual, já discutida por autores como Nóvoa (1992), Sá-Chaves (1997), Larrosa (2000), Josso (2004), Prado e Soligo (2005).

o grupo – gera responsabilização pelo que se expõe e o exposto pelo grupo; por isso este momento é tenso e sofrido.

À medida que foram fazendo esse exercício reflexivo, surgiu a possibilidade de descobrirem facetas de sua formação das quais ainda não haviam se dado conta. Desta forma, envolveram-se nesse processo de descobertas e terminaram por descobrir também o prazer da escrita que, contraditoriamente, parece que lhes foi furtado pela escola, já que nessa instituição uma das únicas atividades de escrita que lhes é cobrada é o preenchimento do diário de classe.

Na escrita, as origens dos vestígios formativos

Após a discussão sobre o que vem a ser um 'memorial de formação', foi proposto ao grupo que pensasse sobre "o que as constitui como professoras", ou seja, retomassem suas próprias histórias de formação e, a partir disso, escrevessem seus memoriais de formação, entendendo-o como uma narrativa reflexiva, constituindo-se numa forma de suas práticas docentes dialogarem com a formação e vice-versa.

Depois da escrita dos memoriais, as professoras referiam-se a essa escrita como algo que "mexeu" com elas.

> Provocou muitas lembranças boas e também ruins, que procurei não cita-las. Provocou emoções, alegrias, reflexões auto-estima e valorização do meu trabalho. A retrospectiva da minha vida, e da minha trajetória (Fi5, Fp10).

Algumas se sentiram superar situações delicadas, momentos difíceis enquanto escreviam suas trajetórias, como que exorcizando seus demônios; outras que consideravam a escrita, inicialmente, como um dever. Acabaram sentindo que o memorial lhes trouxe a possibilidade de contatar com lembranças doídas, mas deixando em aberto a opção de encará-las ou preservá-las, e, ainda, no caso de algumas, a opção foi pela proteção e seleção das experiências que devessem ser contempladas no memorial.

> *A escrita desse memorial fez com que eu pudesse retornar em vários momentos de minha vida, onde muitos fatos aconteceram, o nascimento do meu filho na adolescência foi um deles sendo que consegui desabafar momentos de angústia, que em uma conversa isso não seria possível, até lágrimas no momento da escrita... Foi uma reflexão valiosa e que me proporcionou muita emoção (Fi5, Fp5).*

A imortalidade daquilo que se escreve, também, foi ressaltada quando se discutia o real sentido que motivou a realização do memorial,

> *Quando comecei escrever foi mais para cumprir um dever, tive vontade de abandonar esta escrita e não participar mais dos encontros, depois parei para refletir e cheguei à conclusão de que era a oportunidade que eu estava tendo de escrever algo sobre mim já que a escrita pode durar séculos e nós não, somos mortais (Fi5, Fp9).*

> Uma reflexão sobre a vida pessoal e profissional. Uma mudança de postura perante a leitura (profissional)
> A coragem de expor sobre minha vida
> *Um assunto diferente (desafiador)*
> *Uma visão diferente de tudo que já passou (Fi5, Fp3).*

Entre outras coisas, a escrita revelou a necessidade de ampliar o vocabulário, já que se viram buscando palavras para exprimir o que pensavam ou mesmo o que sentiam no momento. O papel da escrita no processo de formação pessoal e profissional também foi destacado nos memoriais:

A escrita deve fazer parte do nosso cotidiano para cada vez mais podermos aperfeiçoá-la, sem receio e com segurança. *O educador deve desenvolver o gosto pela escrita, para transmitir a importância ao seu aluno e para prática profissional (Fi5, Fp1).*

Dessa forma, verifica-se que existe uma relação direta entre a formação que se vive e aquela que se propõe ao aluno. Canário[54] (2005) afirma que "a maneira como os professores se formam influencia, decisivamente, a maneira como eles organizam o trabalho escolar dos seus educandos". E parece ser exatamente essa a aproximação que essa professora sugere.

A escrita vem a ser uma reflexão sobre a prática, onde reconstruímos nossas ações e conhecimentos que posteriormente poderão ser modificados, complementados e adaptados conforme os desafios que surgem no nosso dia a dia (Fi5, Fp4).

Percebemos que a escrita é de grande importância, mesmo não sendo muito praticada, sempre que é realizada é para cumprir um dever (Fi5, Fp2).

Como afirma essa professora, a escrita está presente no contexto escolar, mas, como analisa Canário (2005), "de uma forma que está, na maior parte dos casos, associada à produção de um saber escolar "inerte" que é vivido pelos alunos como um trabalho penoso e desagradável." Acrescentaríamos que isso também ocorre com o professor que, quase sempre é solicitado a escrever para cumprir tarefas que não lhe fazem muito sentido. O fragmento abaixo, de outra professora, dá uma pista do que acabamos de comentar:

---

54. O autor destacou essa relação na escrita do prefácio do livro *Porque escrever é fazer historia*, de Prado e Soligo, 2005.

Não temos o hábito de escrever, pois não somos cobrados e às vezes não escrevemos porque nos questionamos:
Quem irá ler?
Para que escrever?
Enquanto estou escrevendo o que poderia estar fazendo?(Fi5, Fp10).

Acredito que este memorial fez com que eu me sentisse uma pessoa que está seguindo o caminho certo, momentos de muita reflexão onde os sentimentos foram relatados na escrita, como estou progredindo como pessoa no relacionamento com outros e no profissional (Fi5, Fp4).

Nesses fragmentos foi muito interessante perceber as revelações que as professoras do grupo de pesquisa-formação fazem sobre o processo de escrita e a importância que dão a ele, tanto no contexto da escola como no de sua formação, distinguindo muito claramente as diferentes propostas de escritas, considerando como avançadas aquelas que possibilitam momentos reflexivos, tanto no âmbito profissional como pessoal.

Primeiros vestígios formativos

Tendo como referência a pergunta inicial que motivou a escrita do memorial "O que na sua formação a constituiu como professora?", pensamos ser pertinente agrupar os aspectos comuns que revelassem as enunciações das professoras sobre os diferentes fatores que poderiam, de alguma forma, ter influenciado essa constituição, para que pudessem dar maior visibilidade a essa realidade durante a busca de compreensão de nossa temática – formação de professores. Foi possível, dessa forma, organizar cinco agrupamentos:

- o primeiro agrupamento, realizado a partir dos registros dos memoriais, expressa as possíveis influências familiares no processo de construção de identidade das professoras;
- no segundo agrupamento estão as narrativas dos primeiros contatos, das primeiras impressões e das experiências iniciais das professoras com a escola no processo formal de escolarização;
- no terceiro agrupamento reúnem-se os depoimentos sobre os primeiros trabalhos como docentes – que em alguns casos coincide com a primeira experiência de trabalho;
- no quarto agrupamento estão os relatos que nos possibilitam conhecer a busca pela escolaridade mais específica das professoras, considerando aqui tanto o curso magistério como a graduação;
- finalmente, o quinto agrupamento reúne os registros relacionadas à formação continuada – destacamos que nem todas registraram essa temática no memorial, mas ela aparece na fala do grupo focal, durante as reuniões mensais.

No que se refere ao primeiro agrupamento, foi possível entender que, antes mesmo de se tornarem adultas, algumas professoras, já viviam as expectativas de seus familiares de seguirem essa profissão, como nessa fala:

> sempre ouvia minha bisavó comentar que não tinha nenhuma professora na família...(Mo3).

Essa expectativa era expressa de forma direta, como a citada anteriormente, ou de forma indireta, mais determinada pela influência familiar, como:

> Filha de professora, quando não tinha onde ficar, ia para a escola com minha mãe (Mo5).

A importância atribuída à escola pelos familiares esteve sempre presente na vida das participantes desta pesquisa.

> ...Minha mãe, com tantas dificuldades, queria me manter em escola particular e não cansava de repetir: filha estude,... tudo o que posso te dar é uma boa escola, um bom estudo, então aproveite (Mo6).

Essa mesma posição também foi influenciada não só por palavras e conselhos, mas por atitudes:

> ...meus pais me ensinaram a escrever meu nome, as letras do alfabeto e os numerais, antes mesmo de eu freqüentar a escola (Mo4).

Lahire (1997) chama de investimento pedagógico o conjunto de sacrifícios, intenções, projetos e expectativas de desempenho escolar depositadas no filho. Diz ele:

> Alguns pais podem fazer da escolaridade a finalidade essencial, e até exclusiva da vida dos filhos, ou mesmo de sua própria: pais que aceitam viver no desconforto para permitir que os filhos tenham tudo o que necessitam para "trabalharem" bem na escola, pais que sacrificam o tempo livre para ajudar os filhos nas tarefas escolares, tomando lições, lendo os mesmos livros que os filhos para poder discutir com eles.... Os pais sacrificam a vida pelos filhos para que cheguem aonde gostariam de ter chegado ou para que saiam da condição sócio-familiar em que vive. (p. 29).

O autor atribui uma grande importância a esse investimento que exerce influência sobre o indivíduo que, na maioria dos casos, termina por atender às expectativas familiares.

Dando continuidade à análise dos vestígios expressos nos memoriais, verifica-se que as relações familiares aparecem como fontes a inspirarem o lugar ocupado dentro de uma família:

Viam-me como a princesinha que devolveu a alegria ao lar... (Mo1).

Isso é o que Josso (2004) explicita:

As lendas familiares inspiram o nosso lugar na descendência, as lendas dos nossos heróis, as histórias que contamos para nós mesmos a respeito da nossa vida, tudo isso é mobilizado no processo de formação e de conheciment. (p. 205).

Com esse grupo não foi diferente! Em relação ao segundo agrupamento das narrativas, que contam as experiências e os primeiros contatos com a escolarização formal, pudemos perceber, nos memoriais, situações e sentimentos ligados a um modo de ser, tão bem expresso por Fernando Pessoa: "Sim, sou eu, eu mesmo, tal qual resultei de tudo... Quanto fui, quanto não fui, tudo isso sou.... Quanto quis, quanto não quis, tudo isso me forma..."

As narrativas, muitas vezes, são construídas a partir da evocação de recordações-referências que, segundo Josso (2004), pode ser qualificada como a experiência formadora que podemos utilizar como ilustração para descrever uma transformação, uma idéia, uma atividade ou mesmo um encontro ligado a imagens de época. Essas recordações simbolizam aquilo que o autor compreende como elemento constituinte da sua formação. Josso (2004, p. 40) considera que "a recordação-referência significa, ao mesmo tempo, uma dimensão concreta ou visível, que apela para as nossas percepções ou para as imagens sociais, e uma dimensão invisível, que apela para emoções, sentimentos, sentido ou valores.

Nos memoriais das professoras também foi possível verificar as recordações- referências que evocavam imagens nessas duas dimensões, de uma outra época, mais precisamente da infância:

De guarda-pó branco e pastinha de couro.... é pela primeira vez que conheço uma escola. Foi amor à primeira vista, paixão e desafio (Mo1).

Outras trouxeram circunstâncias vividas que registram a observação inicial, a surpresa, a decepção:

...a sala de aula era superlotada... A professora olhou e lhe disse: volta pra casa, você não tem idade para cursar a primeira série, deixe isso para o ano que vem. Ela amargou aquela doce imagem que tinha em sua mente, imaginava que a escola real era aquela que cultivava em suas brincadeiras... (Mo8).

As palavras utilizadas nos relatos permitem uma articulação entre as imagens sociais e emocionais e/ou valorativas, sempre respondendo às seguintes questões: o que aconteceu para que eu viesse a ter as idéias que tenho hoje? Quais são meus registros preferidos de interpretação das realidades?

Algumas narrativas fizeram suas autoras emergirem de suas opacidades, mostrando a necessidade, já precoce, de se diferenciarem e de brilharem, numa tentativa de auto-superação:

O que eu mais gostava na escola era das aulas de língua alemã. Eu queria estudar na Alemanha, ser professora de língua estrangeira, ser diferente (Mo6).

Eu era muito esforçada, sempre lutando contra minhas limitações (Mo7).

No terceiro agrupamento, depois de narrarem seus contatos iniciais com a escola como alunas, surgiu o momento em que seus depoimentos diziam sobre os primeiros trabalhos como docentes e, novamente, houve uma explosão de diferentes experiências. Nosso desejo, longe de compará-las, é de explorá-las e explicitá-las.

Na perspectiva de Ricoeur (1986, apud JOSSO 2004, p.188), "explicitar é mostrar o potencial de sentido de uma experiência".

Algumas narrativas sobre a primeira experiência docente evidenciaram uma total falta de opção pela "escolha",

> Não gostava do BA-BE-BI era chato, mas entre lanchonete e sala de aula, optei pela segunda (Mo6).

> ...trabalho não aparecia, longe da família, resolvi engravidar para ter uma ocupação, mas com 15 dias de gravidez fui convidada a lecionar....(Mo8).

> Saí do supermercado e dentro de quinze dias já estava na escola como professora (Mo3).

Essa falta de opção sugere uma associação entre a educação, como campo de conhecimento e de atuação que todos dominam, e a possibilidade de exercício profissional sem formação específica, fato que, segundo Ardoino (1992 apud CORTESAO, 2002, p. 10), justifica ser a educação "considerada de natureza "doméstica", portanto, como área que todos dominam e que, por tal razão, se deverá enquadrar no simples âmbito do senso comum".

É interessante ressaltar que as autoras desses depoimentos são professoras jovens, entre vinte e seis e trinta anos e que esse fato pode reforçar a idéia do processo de desvalorização que o professorado vem sofrendo nos últimos anos, contribuindo para que, cada vez menos, as pessoas se preparem para o exercício de tal ofício, e para que a maioria dos ingressos se dê por uma mera falta de opção.

Outros relatos de professoras com um pouco mais idade diferem totalmente dos acima citados, evidenciando certo orgulho pela possibilidade do ingresso no magistério:

> *Eu, na sala que um dia estudei, agora contratada para professora da quarta série.... Ser boa aluna compensa...(Mo1).*

No dia primeiro de abril — Dia da mentira — fiz o meu primeiro registro na carteira de trabalho, como monitora de Pré-Escolar do projeto MOBRAL. Com o passar dos anos, sentiu-se cada vez mais realizada no que fazia (Mo2).

Com grande expectativa iniciei o trabalho, com alunos que sequer sabiam como segurar o lápis. Mas, eu tinha uma certeza: que Deus estava ao meu lado e que eu também seria capaz de aprender a trabalhar com crianças (Mo10).

Esses fragmentos dos memoriais são reflexos da herança que alguns educadores carregam, ligados à idéia de vocação, religiosidade e profecia. Segundo Arroyo (2000, p. 33), é difícil apagar do imaginário social e pessoal a expectativa sobre o ser professor, educador, docente.

É a imagem do outro que carregamos em nós. Estamos diante de uma contradição. Tanto temos professoras que ingressaram na profissão absolutamente desiludidas com ela, como também orgulhosas da condição docente.

O quarto agrupamento é composto por relatos que possibilitaram conhecer a busca pela formação profissional, considerando, aqui, tanto o curso magistério como a graduação. Os relatos novamente apontam para as diferentes justificativas dessa busca,

Agora, o Magistério de 2o grau. Continuei trabalhando dois turnos, estudando à noite e me preparando para a vida matrimonial (Mo9).

Em agosto, a Formatura do Magistério, formatura da Faculdade e uma maravilhosa festa surpresa oferecida por familiares e amigos. Depois o 2o Seminário de Alfabetização do Cone Sul, fiquei inebriada com Lauro de Oliveira Lima, Madalena Freire, Rubem Alves, Esther Pillar Grossi (Mo1).

Terminei meu curso técnico... e passei para o Magistério. Foi onde me encontrei de verdade, juntando práticas com teoria. Foi o período mais importante na minha vida profissional, depois formamos um grupo de professores interessados em cursar a faculdade UNOESTE em Presidente Prudente e enfrentamos este desafio. Precisávamos nos deslocar daqui todos os meses e viajar mais ou menos por seis horas para prestarmos provas na faculdade. Não foi fácil! (Mo2).

Esses relatos revelam profissionais que foram reforçando cada vez mais sua escolha profissional, que se inicia com o trabalho docente, depois com a formação no âmbito do magistério, continuando com a graduação e culminando com os primeiros cursos realizados após a faculdade.

Outros relatos referem-se a experiências de resistência ao magistério :

> Para iniciar o 2° grau (Ensino Médio), fiz minha inscrição em cinco escolas: Secretariado, Edificações, Computação, Normal e Magistério (como ultima opção). Para minha surpresa, passei em primeiro lugar para o Magistério (Mo3).

> Para cursar a faculdade em Presidente Prudente tínhamos ajuda da prefeitura nas passagens, mas a mensalidade era um pouco pesada e, por isso, passei a dar aulas na escola particular I.E. I (Mo2).

> Após terminar o 1° Grau (Ensino fundamental) decidi fazer o Magistério por não haver outra opção nas escolas locais (Mo8)
> O curso de Pedagogia que era ministrado na cidade de Rio Verde, uma cidade vizinha e eu trabalhava o dia todo, pegava ônibus todos os dias, enfrentava os perigos da rodovia, mas o sacrifício

valeu a pena. A formação em nível superior era muito importante (Mo4).

Depois parecem render-se a tal opção (ou à falta dela). Esse também foi o caso dessa professora, conforme o relato abaixo:

O 2° grau (magistério) foi complicado, mas o que mais detestei foi o estágio. Durante seis meses chorei todos os dias por ter que ir à escola. E, então, chegou o último dia do estágio. Quanta alegria! Jurei nunca mais voltar para uma sala de aula (Mo6).

Já sobre a graduação, a professora relatou:

Aos poucos fui tomando gosto pela alfabetização, descobrindo os níveis de cada aluno, as necessidades, dificuldades e qualidades de cada criança. Fiz faculdade de Pedagogia e, tempos depois, uma pós-graduação (Mo6).

Nesse contexto, o diálogo teoria-prática assume um caráter preponderante em relação à história anterior do sujeito e sua compreensão no contexto profissional, sugerindo que quanto maior o aprofundamento teórico-prático sobre as questões educacionais, maiores as possibilidades de construção de sentidos e de prazer pelo ofício.

O quinto agrupamento reúne as falas relacionadas à formação continuada. Pudemos perceber que, apesar de terem explicitado este aspecto nas escritas dos memoriais, relataram-no com menor entusiasmo e envolvimento, longe de se aproximarem do que Benjamin (1984) define como o movimento da experiência por que passa o narrador : "O narrador conta o que ele extrai da experiência sua própria ou aquela contada por outros. E, de volta, ele a torna experiência daqueles que ouvem a sua história." Esse último movimento não ocorreu, não sentimos como experiência a história que elas contaram sobre seus processos formativos de natureza continuada.

Dos dez memoriais, apenas sete abordaram a formação continuada, e alguns exaltaram muito o papel do município como organizador e incentivador da formação continuada dos professores:

Tenho a certeza que muitas sementes frutificarão e que o desejo da educação de São Gabriel do Oeste que há quatro anos trilha em uma única caminhada onde rede municipal, estadual e escolas particulares, estão unidas no grande investimento da qualificação através de capacitações e da formação continuada (Mo1).

Em nosso município estão em pauta novas propostas de formação, como o Parâmetros em Ação, PROFA, MOVA, EDUCAÇÃO ESPECIAL, INCLUSÃO SOCIAL, entre outras (Mo2).

O que é importante para acompanharmos o ritmo e a evolução da nossa clientela é estarmos nos atualizando e nesta minha cidade conto com os cursos de Formação continuada que a Secretaria de Educação oferece para capacitar os profissionais para melhorar e qualificar o ensino do município (Mo5).

Estas passagens sugerem que as professoras estão considerando formação continuada apenas as oportunidades oferecidas e organizadas pelas instituições a que pertencem.

Nessa concepção, é como se dentro da trilogia defendida por Nóvoa (2002) - produzir a vida, a profissão e a escola - fosse considerado só um dos aspectos, o da organização escolar. Outros memoriais versaram sobre a formação continuada, enfatizando o lado pessoal dessa busca:

Em 2001, iniciei os estudos do programa Parâmetros em Ação.. Eu, como coordenadora seria uma formadora. Inicio com Alfabetização, dando continuidade e sempre participando de capacitações tanto do MEC como também outras. A partir de 2002 continuei na Formação Continuada, descobrindo cada vez mais a minha função como coordenadora pedagógica. Atualmente, sinto que sou a "professora" de meus professores, pois tenho que respeitar suas diferenças, limitações e capacidades individuais. (Mo3),

Este é apenas o começo de minha caminhada profissional, tenho muito que aprender. A graduação me trouxe muito orgulho, porém sonho muito fazer mestrado e quem sabe um doutorado e quando vejo amigos próximos fazendo mestrado e professores da graduação concluindo doutorado, acredito que todos temos capacidade e potencial para isso (Mo5).

Fiz vários cursos para atualizar-se na profissão, sendo os mais recentes: PROFA, direcionado a professores alfabetizadores, e o Parâmetros em Ação, que é um programa de formação continuada (Mo9).

Hoje sinto-me cada vez mais desafiada a realizar minha tarefa como educadora. É preciso estar inserida no contexto atual e com essa finalidade estou participando do Parâmetros em Ação do Ensino Fundamental de 1ª a 4ª séries e também do Parâmetros em Ação da Educação Infantil. Estes estudos têm sido muito proveitosos para mim, porque a cada encontro realizado sempre há algo a acrescentar (Mo10).

As duas vertentes, tanto a que enfatiza o papel da instituição como responsável pela formação quanto a que enfatiza a própria pessoa como responsável por essa busca, ambas, expostas nos memoriais das professoras do grupo de pesquisa-formação, aproximam-se da concepção defendida por Nóvoa (2002) e assumida neste trabalho, segundo a qual a formação continuada pressupõe dois eixos principais: a pessoa do professor e o contexto da escola (no caso dos relatos, o contexto municipal), ao que Nóvoa acrescenta a profissão docente, pois, para esse autor, é necessário articular desenvolvimento pessoal, profissional e organizacional.

Para Seguir Viagem

Por se tratar de um Grupo de Pesquisa-Formação, que sugere uma viagem, sentimos a necessidade de recuperar, neste momento, alguns dos autores que conosco estiveram nesse percurso.

Reafirmamos nossa opção pela metáfora de Benjamim, do viajante e do camponês, pois foi esse o movimento que se fez presente durante o desenvolvimento de nossas duas experiências. Essa metáfora auxiliou-nos na tentativa de explicar as posições que vimos ocupando - ora familiar, ora estranha, ora conhecida, ora desconhecida, ora próxima, ora distante, ora como aquela que não faz parte, ora aquela que nunca saiu dali – diante do grupo de professoras participantes da pesquisa-formação.

Manoel de Barros, outro companheiro de viagem, ao se ocupar do feitiço das palavras, auxiliou-nos na construção de novos significados para elas, facilitando nossa compreensão das ressignificações que as professoras foram atribuindo às experiências formativas.

Outro companheiro de viagem foi Nóvoa, que em suas análises do contexto da formação de professores sempre tentou transportar suas utopias para o âmbito das ações, ou seja, não as concebendo como imagens do impossível, mas como possibilidades de se introduzir no presente uma maneira outra de se pensar e viver a educação. Nessas tentativas, não se cansou de optar sempre pelos professores, tanto pessoal como profissionalmente falando. Acreditando que (1992) a separação entre pesquisadores que oferecem sua produção e professores na condição de consumidores, pouco ou nada acrescentam para a reflexão ou proposição de novas práticas de ensino. O autor sugere um diálogo permanente entre pesquisadores/formadores e formandos para o reconhecimento mútuo das necessidades, demandas e urgências relativas às ações propostas, pois assim é possível construir os elos de significação pretendidos por todos os envolvidos na formação.

E como se faz com bons companheiros de viagem, congratulamo-nos com todos pelos ensinamentos, pelas reflexões que nos possibilitaram realizar e por tantos outros vazios que nos abriram.

Quiçá outros pesquisadores possam preenchê-los, o que significa dizer que a caminhada em busca de novos conhecimentos sempre persistirá.

Referências Bibliográficas

ARROYO, M. G. *Ofício de ser mestre: imagens e auto-imagens.* Petrópolis, RJ: Vozes, 2000.

BARROS, M. *Memórias inventadas: a infância.* São Paulo: Planeta, 2003.

BENJAMIN, W. O narrador: considerações sobre a obra de Nikolai Leskov. In: *Magia e técnica, arte e política.* Ensaios sobre literatura e a história da cultura. São Paulo: Brasiliense, 1987.

CANÁRIO, R. *Educação de adultos: um campo e uma problemática.* Lisboa: EDUCA/ANEFA, 2000.

CORTESÃO, L. *Ser professor: um ofício em risco de extinção?* São Paulo: Cortez, 2002.

JOSSO, M. C. *Experiências de vida e formação.* Tradução de José Claudino e Júlia Ferreira. São Paulo: Cortez, 2004.

LAHIRE, B. *Sucesso escolar nos meios populares: as razões do improvável.* São Paulo/SP: Ática, 1997.

LARROSA, J. *Pedagogia profana: danças, piruetas e mascaradas.* 3. ed. Tradução de Alfredo Veiga-Neto. Belo Horizonte: Autêntica, 2000.

NÓVOA, A. (Org.). *Vidas de professores.* Porto Alegre: Porto, 1992.

_____. (Coord.) *As organizações escolares em análise.* Lisboa, Portugal: Publicações Dom Quixote, 1992.

_____. *Formação de professores e trabalho pedagógico.* Lisboa, Portugal: EDUCA, 2002.

PRADO, G. do V. T.; SOLIGO, R. (Org.). *Porque escrever é fazer história.* Campinas: Graf. UNICAMP/FE, 2005.

SÁ-CHAVES, I. *Percursos de formação e desenvolvimento profissional.* Porto Codex, Portugal: Porto, 1997.

Os autores

Adair Nacarato - Graduada em Matemática pela Pontifícia Universidade Católica de Campinas (1975), mestre em Educação pela Universidade Estadual de Campinas (1994) e doutora em Educação pela Universidade Estadual de Campinas (2000). Atualmente, é docente da Universidade São Francisco, campus de Itatiba, do Programa de Pós-Graduação Stricto Sensu em Educação e do curso de graduação em Pedagogia. Tem experiência na área de Educação, com ênfase em Educação Permanente, atuando principalmente nos seguintes temas: educação matemática, formação de professores, ensino de geometria e prática pedagógica. Atua em cursos de extensão voltados à formação docente e ao desenvolvimento curricular em matemática. Coordenadora do Programa de Iniciação Científica da USF. (Currículo Lattes. CNPq. Maio de 2010).

Ana Palmira Bittencourt Santos Casimiro - Possui graduação em Licenciatura em Desenho e Plástica pela Universidade Federal da Bahia (1972), mestrado em Teoria e História da Arte pela Universidade Federal da Bahia (1995) e doutorado em Educação pela Universidade Federal da Bahia (2002). Professora Plena da Universidade Estadual do Sudoeste da Bahia. Tem experiência na área de pesquisa, com ênfase em Ciências Humanas, atuando principalmente nos seguintes temas: História, Educação e Igreja no Brasil Colonial, Estética, Teoria e História da Arte. Atualmente, cursa pós-doutorado na faculdade de Educação da Universidade Estadual de Campinas - UNICAMP (Currículo Lattes. CNPq. Maio de 2010).

Antonio Vicente Marafioti Garnica - Bacharel em Matemática (1984) pela UNESP de Rio Claro, mestre (1992) e doutor (1995) pelo programa de Pós-graduação em Educação Matemática da UNESP de Rio Claro. Realizou estágio de complementação na

Universidade de Lisboa (1991) e pós-doutorado na Indiana University Purdue University at Indianápolis - Estados Unidos (1999). Recebeu, com Paulo Freire, o prêmio Moinho Santista (atual Prêmio Fundação BUNGE) em Ciências da Educação no ano de 1995. É livre-docente (2005) pelo Departamento de Matemática da UNESP, de Bauru. Coordena o Grupo de Pesquisa "História Oral e Educação Matemática" (www.ghoem.com) e atua nos cursos de graduação da UNESP de Bauru e nos programas de pós-graduação em Educação Matemática (UNESP de Rio Claro) e em Educação para a Ciência (UNESP-Bauru). É pesquisador em Produtividade em Pesquisa CNPq desde 2001. Principais interesses de pesquisa: Formação de Professores de Matemática, História Oral, História da Educação Matemática brasileira e Metodologias de Pesquisa (Currículo Lattes. CNPq. Maio de 2010).

Carmem Lúcia Brancaglion Passos - Graduada em Matemática pela PUC de Campinas. Mestrado em Educação – Metodologia de Ensino pela UNICAMP. Doutorado em Educação – Educação Matemática pela UNICAMP. Atualmente, é professora do Departamento de Metodologia de Ensino da Universidade Federal de São Carlos – UFSCar -, atuando nas licenciaturas de Matemática, Pedagogia (presencial e EaD) e na área de Processos de Ensino e de Aprendizagem do Programa de Pós-Graduação em Educação. Orienta alunos de pós-graduação e graduação na linha de Ensino de Ciências e Matemática. Coordena o Grupo de Estudos e Pesquisas em Educação Matemática - GEM/UFSCar.

Eliane Greice Davanço Nogueira - Possui Doutorado em Educação pela Universidade Estadual de Campinas (2006). Atua na Universidade Estadual de Mato Grosso do Sul e Universidade Católica Dom Bosco. Tem experiência na área de Educação, com ênfase em Formação de Professores, atuando principalmente nos seguintes temas: formação continuada de professores, escrita autobiográfica, pesquisa-formação, educação infantil, alfabetização e psicologia (Currículo Lattes. CNPq; maio de 2010)

Elsa Lechner - Possui doutorado em Antropologia Social pela École des Hautes Études en Sciences Sociales (2003) e pós-doutorado pelo Instituto de Ciencias Sociais da Universidade de Lisboa (2006). Atualmente, é membro de corpo editorial da Noésis, chefe de redacção da Le Sujet dans la Cité, revisora de periódico da Antropologia Portuguesa, investigadora da Office Franco Allemand pour la Jeunesse, investigadora associada da EXPERICE, investigadora da GRAFHO, investigadora associada da GIS/ISCTE e pesquisadora do Centro de Estudos Sociais – Universidade de Coimbra. Tem experiência na área de Antropologia, com ênfase em Antropologia das Migrações. Atua principalmente nos seguintes temas: Migração, Identidade, Memória, Narrativas biográficas (Currículo Lattes. CNPq. Maio de 2010).

Guilherme do Val Toledo Prado - Possui graduação em Pedagogia pela Universidade Estadual de Campinas (1987), mestrado em Metodologia de Ensino pela Universidade Estadual de Campinas (1992) e doutorado em Linguística Aplicada - Ensino e Aprendizagem de Língua Materna- pela Universidade Estadual de Campinas (1999). Atualmente, é professor doutor na Faculdade de Educação da UNICAMP e integrante do GEPEC - Grupo de Estudos e Pesquisas em Educação Continuada. Tem experiência na área de Educação, com ênfase na Prática de Ensino e Estágio Supervisionado nos Anos Iniciais do Ensino Fundamental, bem como consultoria e assessoria a projeto educativos centrados na escola, atuando principalmente nos seguintes temas: formação de professores - inicial e continuada -, epistemologia da prática docente, professor-pesquisador, escrita docente, investigação educacional e narrativa (Currículo Lattes. CNPq. Maio de 2010).

José Edvar Costa de Araújo - Graduado em Letras pela Universidade Estadual do Ceará - UECE (1982); mestre em Educação (1994) e doutor em Educação (2009) pelo Programa de Pós-Graduação em Educação Brasileira da Universidade Federal do Ceará - UFC. Professor assistente do Curso de Pedagogia da Universidade Estadual Vale do Acaraú. Líder do Grupo de Pesquisa História e

Memória Social da Educação e da Cultura - MEDUC -, no Centro de Ciências da Educação da UVA. Colaborador do Núcleo de História e Memória da Educação da UFC - NHIME. Exerce a docência, a pesquisa e a extensão na área dos estudos histórico-educativos, com ênfase nos temas: processos culturais e educação, formação docente, história das instituições educativas, cultura escolar, educação de jovens e adultos, memória e história da educação e da cultura (Currículo Lattes. CNPq. Maio de 2010).

Margaréte May Berkembrock-Rosito - Possui graduação em Pedagogia pela Universidade Federal de Santa Catarina/UFSC (1985), mestrado em Educação (Currículo) pela Pontifícia Universidade Católica de São Paulo/PUCSP (1993); doutorado em Educação pela Universidade Estadual de Campinas/UNICAMP-SP (2002). Atualmente, é docente pesquisadora no Programa de Pós-Graduação Mestrado em Educação, da Universidade Cidade São Paulo, avaliadora de cursos do Ministério da Educação, pesquisadora e professora convidada no mestrado em Bioética, Centro Universitário São Camilo. Tem experiência na área de Educação, com ênfase em Educação, atuando principalmente nos seguintes temas: Interdisciplinaridade, Transdisciplinaridade, História de Vida, Memória, Educação Estética na Formação inicial e continuada de professores, assim como em Educação em Bioética na perspectiva da formação de docentes para o ensino em Bioética. Orientadora científica credenciada para dissertações de mestrado em Educação, co-orientadora credenciada para temas em Bioética. Desenvolve, como pesquisa, As contribuições de Paulo Freire para a Educação Estética na formação de professores, na abordagem político-cultural da História de Vida, Memória e Imaginário.

Norma Missae Takeuti - Professora-pesquisadora de Sociologia no Departamento de Ciências Sociais da Universidade Federal do Rio Grande do Norte (UFRN), Natal-RN, Brasil. Pós-doutorado em Sociologia Clínica, Université Paris 7 – Denis-Diderot, Paris-França; Doutorado em Estruturas e Mudanças Humanas, Université de Paris 9 – Dauphine, Paris-França.

Sylvia Helena Souza da Silva Batista - Bacharel em Psicologia pela Universidade Federal do Pará (1985); graduada em Formação de Psicólogo (1986), com Licenciatura Plena em Psicologia (1986), também pela Universidade Federal do Pará; mestre (1993) e doutora (1997) em Educação (Psicologia da Educação) pela Pontifícia Universidade Católica de São Paulo. Atua na área de Educação, com ênfase no Ensino em Ciências da Saúde, destacando os temas de formação docente para o ensino superior em saúde, aprendizagem e formação em saúde (Currículo Lattes CNPq.; maio de 2010).

SOBRE O LIVRO
Formato: 14 x 21 cm
Mancha: 23, 7 x 43,1paicas
Tipologia: Minion Pro 10,5/14,5
Papel: offset 75 g/m2 (miolo)
Cartão Supremo 250 g/m2 (capa)
2010

EQUIPE DE REALIZAÇÃO
Capa e editoração: DB Comunicação
Revisão: Juarez Segalin